教育部人文社会科学研究一般项目“逆全球化风险下美国贸易救济调查与我国对策研究”（项目编号：18YJAGJW008）资助

逆全球化风险下美国贸易救济调查与中国对策研究

王 威 著

南開大學出版社
天 津

图书在版编目(CIP)数据

逆全球化风险下美国贸易救济调查与中国对策研究 / 王威著. —天津：南开大学出版社，2023.4
ISBN 978-7-310-06405-2

Ⅰ. ①逆… Ⅱ. ①王… Ⅲ. ①保护贸易－研究－美国 ②保护贸易－研究－中国 Ⅳ. ①F757.120.2②F752.02

中国国家版本馆 CIP 数据核字(2023)第 013189 号

逆全球化风险下美国贸易救济调查与中国对策研究
NI QUANQIUHUA FENGXIAN XIA MEIGUO MAOYI
JIUJI DIAOCHA YU ZHONGGUO DUICE YANJIU

南开大学出版社出版发行
出版人:陈　敬
地址:天津市南开区卫津路 94 号　　邮政编码:300071
营销部电话:(022)23508339　营销部传真:(022)23508542
https://nkup.nankai.edu.cn

河北文曲印刷有限公司印刷　全国各地新华书店经销
2023 年 4 月第 1 版　　2023 年 4 月第 1 次印刷
230×160 毫米　16 开本　9 印张　2 插页　143 千字
定价:72.00 元

如遇图书印装质量问题,请与本社营销部联系调换,电话:(022)23508339

内容摘要

近年来，在逆全球化风险上升等因素的影响下，美国贸易保护主义加剧。据世界贸易组织（WTO）公布的统计数据显示，作为美国重要的贸易政策工具，贸易救济调查新发立案数量不断增多。中国作为全球第一大货物贸易国，也是美国贸易救济调查的首要目标国，中美贸易摩擦呈现持续高发态势。基于此，对逆全球化风险下美国对华贸易救济调查案件的特征和原因进行梳理，探讨美国贸易壁垒的影响及有效应对途径，对于深入认识、理解全球化和逆全球化交替前行的深层原因与机制，探索互利共赢化解贸易摩擦的方式方法，维护公平贸易环境，具有一定的理论价值和现实意义。

本书立足于全球化和逆全球化视角，揭示美国贸易救济调查的现状及基本特征，并通过经验研究，分类检验出美国贸易救济调查的成因及全球化与逆全球化的影响；结合数据和多案例材料，进一步描述和估计美国贸易救济调查对中美贸易不平衡的影响；根据多案例和经验资料解析出口企业应对美国贸易壁垒的途径；根据《中国加入世贸组织议定书》第 15 条有关中国市场经济地位条款，挖掘世界贸易组织争端解决机制与贸易摩擦解决方式选择间的关系；从逆全球化和贸易秩序建构视角总结并概括美国贸易救济调查的应对途径及解决方式的多元化特征，并从企业诉讼、行业协调、政府间交涉等各个维度探讨防范贸易风险的机制。

研究逆全球化风险背景下美国实施的贸易救济和贸易限制措施，对我国妥善应对贸易摩擦及防范贸易风险具有一定的启示。首先，尽管世界贸易组织争端解决机制运行受到阻碍的现实风险趋于上升，但是事实表明，坚持推动多边主义化解贸易摩擦，有利于抑制国际贸易保护主义蔓延趋势，也有利于强化行业协会在组织和协调出口企业应诉美国贸易救济调查中的作用。其次，企业开展及实现组织创新、营销创新、产品或工艺创新活动，有利于应对美国贸易救济调查，但是应充分考虑不同类型企业之间的差异。最后，实践证明，随着贸易救济调查中法理内容证据化趋势不断加强，发挥会计作为反倾销、反补贴诉讼工具的功能，以及涉案主体利用会计证据进行申诉和应诉的权利显得愈发重要。

目 录

第一章　导　论

第一节　问题的提出及研究意义

党的十九届六中全会审议通过的《中共中央关于党的百年奋斗重大成就和历史经验的决议》指出："进入新时代，国际力量对比深刻调整，单边主义、保护主义、霸权主义、强权政治对世界和平与发展威胁上升，逆全球化思潮上升，世界进入动荡变革期。"①

随着全球化、逆全球化及全球化重构、新路径转型、结构调整和观念发生变迁，② 国际贸易争端也呈现出多发、多元的态势。为科学、系统和准确地把握逆全球化风险背景下美国贸易救济调查的构成、现状、特征、成因、动态趋势和应对策略，深刻理解美国贸易救济调查的形成、演化及化解机制，有必要从多维度、多学科、多角度去探究美国贸易救济调查，为应对美国贸易救济调查、化解中美贸易摩擦、促进出口企业合法利益维护的实践积累知识存量。

就学术意义而言，遵循习近平新时代中国特色社会主义经济思想体系的研究方法，围绕全球化新路径与逆全球化、贸易救济调查与应对问题开展研究，厘清事实，探讨问题，构建分析框架，提出可能的对策建议，不仅有助于考查全球化和逆全球化交替前行的深层原因、机制问题，对于拓展有关应对美国贸易救济调查、抑制其滥用贸易限制措施的实践也有现实价值。

---

① 中共中央关于党的百年奋斗重大成就和历史经验的决议[N]．人民日报，2021-11-17（01）．

② 张龙林，刘美佳．当前西方逆全球化思潮：动向、根源及纠治[J]．思想教育研究，2022（05）：119-124．

第二节　研究框架与主要内容

本书立足于经验研究，从全球化动力与逆全球化风险的角度，围绕美国贸易救济调查的成因、机制、影响、对策建议等方面进行综合研究。具体研究思路安排如图 1-1 所示。

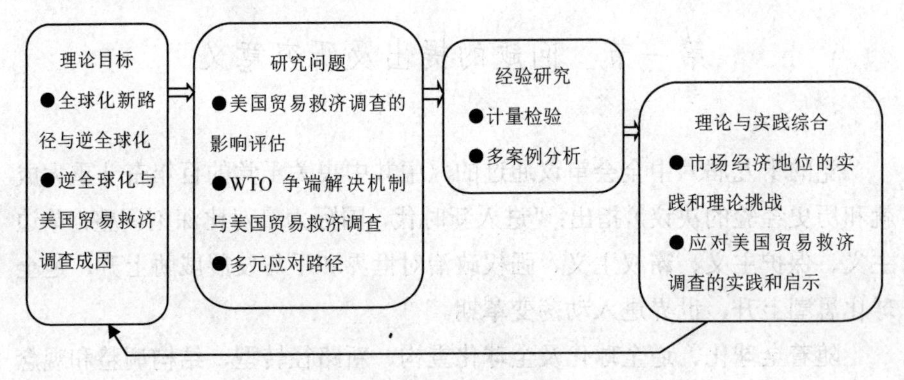

图 1-1　本书研究路线图

第一章：导论。简要介绍本书的研究目的、意义，以及研究对象、方法和内容。

第二章：美国对华贸易救济调查的成因和逆全球化风险影响。主要内容如下：美国对华贸易救济调查概况；逆全球化与美国贸易救济调查的影响机制及关键因素；美国对中国市场经济地位认定及演变趋势；非市场经济地位、替代国方法在反倾销中的作用。

第三章：逆全球化风险下美国对华贸易救济调查对中美贸易和投资增长的影响。主要内容如下：美国贸易救济调查对其生产消费及贸易不平衡的影响；美国贸易救济调查对中国出口行业的影响；美国贸易救济调查对中国投资增长的影响；以广东、浙江和江苏为例，考察美国贸易救济调查对中国省域出口和境外直接投资的影响。

第四章：中国企业应对美国贸易壁垒的措施研究。主要内容如下：会计策略与应诉企业争取最有利抗辩结果；知识密集型出口企业“337 调查”

诉讼胜诉案例分析及启示；出口企业规避美国贸易救济调查的实证研究。

第五章：WTO 争端解决机制与美国对华贸易救济调查研究。主要内容如下：《中国加入世贸组织议定书》第 15 条有关中国市场经济地位的界定；中美关于《中国加入世贸组织议定书》第 15 条解读的分歧及依据研究；非市场经济地位与反倾销“替代国”规则的适用条件；WTO 争端解决机制框架下中美贸易争端的诉讼策略；美国利用 WTO 争端解决机制的出口促进贸易平衡的效果评价。

第六章：逆全球化风险下中国应对美国贸易壁垒的策略研究与对策建议。主要内容如下：面对美国贸易壁垒中国出口企业的应对策略；中国行业协会应对美国贸易救济调查的定位及路径；政府应对美国贸易救济调查的对策建议。

本书在以下方面有些许创新：

一方面，本书遵循习近平新时代中国特色社会主义经济思想体系的研究方法，对论题展开分析，从中辨析全球化新路径、逆全球化与美国贸易救济调查的成因，评估结构性因素与建构性因素对国际贸易争端和秩序的影响，甄别和解释美国贸易救济调查的内在逻辑、效应、政策启示及分类多维应对路径。

另一方面，在研究中结合重点应用场景所获得的关于逆全球化风险背景下美国贸易救济调查现实状况的宏观和案例资料，不仅为研究中美贸易摩擦及其化解机制积累新的经验材料，也为我们把握美国贸易救济调查的现状及演化趋势提供新的事实依据。

第二章　美国对华贸易救济调查成因和逆全球化风险影响

第一节　美国对华贸易救济调查概况

当今全球价值链正发生剧烈变化，国际贸易面临的风险持续上升，全球产业链、供应链运行受阻。在此背景下，美国通过实施贸易救济调查对其货物进口进行了限制性转变，并表现出单边主义、贸易保护主义特征。受国际贸易逆全球化倾向的影响，中国出口风险加剧，国内产业在国际分工格局升级中所遭遇的障碍不断增加。

一、反倾销、反补贴调查案件及主要涉案行业

如表 2-1 和表 2-2 所示，根据中国贸易救济信息网和世界贸易组织（WTO）公布的数据，1978 年至 2022 年 4 月 1 日，美国生效的反倾销税令有 492 件，反补贴税令有 172 件，合计 664 件。其中，对中国大陆生效的反倾销税令有 143 件，反补贴税令有 80 件，合计 223 件。

2001—2011 年，美国对华反倾销案总计 81 起，其中排名前三的行业分别为金属制品工业（27 起）、化学原料和制品工业（17 起）、造纸工业（6 起）。同期，美国对华反补贴案总计 30 起，其中排名前三的行业分别为金属制品工业（14 起）、造纸工业（3 起）、化学原料和制品工业（3 起）。

2012—2021 年，美国对华反倾销案总计 79 起，其中排名前三的行业分别为金属制品工业（20 起）、化学原料和制品工业（15 起）、钢铁工业（9 起）。同期，美国对华反补贴案总计 74 起，其中排名前三的行业分别为金属制品工业（17 起）、化学原料和制品工业（14 起）、钢铁工业（9 起）。

表 2-1　1978—2022 年美国生效的反倾销、反补贴税令统计　单位：件

涉案国家/地区	反倾销	反补贴	总计
中国大陆	143	80	223
印度	30	24	54
韩国	33	7	40
中国台湾	29	1	30
土耳其	16	13	29
越南	16	6	22
日本	21	0	21
印度尼西亚	15	5	20
巴西	12	4	16
意大利	12	4	16
墨西哥	14	2	16
总计	492	172	664

资料来源：https://enforcement.trade.gov/stats/iastats1.html.

表 2-2　2001—2021 年美国对华反倾销、反补贴调查主要涉案行业　单位：起

涉案行业	反倾销		反补贴	
	2001—2011	2012—2021	2001—2011	2012—2021
金属制品工业	27	20	14	17
化学原料和制品工业	17	15	3	14
造纸工业	6	1	3	1
钢铁工业	3	9	0	9

资料来源：中国贸易救济信息网. http://cacs.mofcom.gov.cn/cacscms/view/statistics/ckajtj。

二、“337 调查”案件及主要涉案行业

2019—2021 年，美国对华“337 调查”案总计 46 起，其中排名前三的行业分别为电子工业（30 起），家具工业（5 起），文体、工美和娱乐用品

（4起）及医药工业（4起）（如表2-3所示）。①中国涉及“337调查”的海关HS6位编码产品分别属于第6类化学工业及其相关工业，第16类机电、音像设备及其零件附件，以及第94章家具、第95章玩具等行业。

表2-3 2019—2021年美国对华“337调查”主要涉案行业 单位：起

涉案行业	2019	2020	2021
电子工业	6	11	13
医药工业	1	0	3
家具工业	2	1	2
文体、工美和娱乐用品	1	0	3
烟草工业	1	1	1

资料来源：中国贸易救济信息网. http://cacs.mofcom.gov.cn/cacscms/view/notice/ssqdc#。

如表2-4所示，在美国发起的“337调查”涉华案件中，受到最严厉的制裁措施为禁止令、普遍排除令和有限排除令。如果企业不应诉，默认其侵权行为存在，裁定结果必然是有限排除令或普遍排除令。普遍排除令和有限排除令的背后，是高额的市场准入费用，以及禁止将涉案商品进口到美国，失去在美国市场的销售资格。此外，美国对华“337调查”的结案方式主要表现为申诉方撤诉、和解、侵权不成立、撤销救济令等。实践证明，随着企业应诉率、胜诉率不断上升，即使专利技术存在瑕疵，也可能以和解等多种手段继续保有市场，而不是损害全行业的出口。②

表2-4 2022年5月美国涉华“337调查”典型案件的结案方式列表

美国国际贸易委员会案件号	涉案产品	结果
337-TA-1222	视频处理设备及其组件和数字智能电视及其下游产品	撤诉，和解

① 美国国际贸易委员会“337调查”数据库[EB/OL]．[2022-07-02]．https://pubapps2.usitc.gov/337external/.

② 于洋．美国337调查的发展历程、特征事实及中国应对[J]．亚太经济，2022（02）：63-69.

续表

美国国际贸易委员会案件号	涉案产品	结果
337-TA-1244	特定电池及其下游产品	普遍排除令
337-TA-1255	特定罐装容器开启装置和方法	普遍排除令
337-TA-1256	特定便携式电池启动器及其组件	普遍排除令，有限排除令，禁止令
337-TA-1259	特定墨盒及其组件（I）	普遍排除令，禁止令
337-TA-1277	特定智能恒温器、负载控制开关及其组件	撤诉，和解
337-TA-1279	植绒拭子及其下游产品和方法	撤诉，和解
337-TA-1284	具有无线通信功能的电子设备及其组件	撤诉，和解
337-TA-1294	高性能重力滤水器及其下游产品	撤诉，和解

资料来源：美国国际贸易委员会网站. www.usitc.gov；中国贸易救济信息网。

如表 2-5 所示，2017—2021 年，美国“337 调查”案件数量呈现频发态势。2021 年，美国正在进行的“337 调查”案件数量为 127 件，其中，当年新发起调查 73 件，结束调查 67 件。

表 2-5　2017—2021 年美国“337 调查”情况　　单位：起

年份	正在进行的调查数	新发起调查数	结束调查数
2017	130	74	64
2018	130	64	61
2019	128	59	63
2020	122	57	68
2021	127	73	67

资料来源：美国国际贸易委员会网站. www.usitc.gov；中国贸易救济信息网。

三、美国对华贸易救济调查主要涉案行业的出口状况及竞争优势

由表 2-6 可知，从中国对美国商品出口结构来看，电子工业在商品出口中占比较大，2007—2020 年并未呈现较大变化，数据基本稳定在 20%～25%。金属制品工业占比较为稳定，最低为 2019 年的 5.07%，最高为 2008 年的 8.17%，基本稳定在 5%以上。对于化学原料和制品工业，以 2008 年为节点，2008—2020 年基本稳定在 3%以上。钢铁工业呈现波动下降态势，2008 年为 1.04%，2014 年以后总体持续下降，2020 年降至 0.09%。

表 2-6　中国主要涉案行业对美国出口状况　　单位：亿美元，%

年份	金属制品工业		化学原料和制品工业		钢铁工业		电子工业	
	出口额	占比	出口额	占比	出口额	占比	出口额	占比
2007	178.79	7.67	60.52	2.6	18.6	0.8	560.36	24.03
2008	206.53	8.17	88.95	3.52	26.3	1.04	584.87	23.13
2009	119.98	5.42	69.12	3.12	4.26	0.19	510.36	23.06
2010	150.61	5.31	92.16	3.25	9.64	0.34	612.92	21.6
2011	178.98	5.51	116.8	3.59	15.2	0.47	680.58	20.94
2012	190.92	5.42	117.9	3.35	15.1	0.43	775.48	22
2013	198.78	5.39	119.1	3.23	14.9	0.4	828.92	22.46
2014	222	5.59	128.5	3.24	24.9	0.63	925.47	23.31
2015	231.93	5.66	125.8	3.07	15	0.37	954.02	23.27
2016	197.31	5.12	118.7	3.08	5.38	0.14	931.58	24.15
2017	225.43	5.24	139.9	3.25	5.99	0.14	1070.3	24.87
2018	248.47	5.18	168	3.5	6.74	0.14	1195.8	24.93
2019	212.23	5.07	139.6	3.34	5.1	0.12	1063.1	25.4
2020	230.52	5.09	159.3	3.52	3.96	0.09	1116.7	24.67

资料来源：根据联合国商品贸易统计数据库数据计算。

净出口指数（TC）通常表示某国某产业的进出口差额在总额中所占的比重。TC大于0或小于0，分别表示该国具有贸易竞争优势或劣势。由表2-7可以看出，2020年除了化学工业的TC小于0外，其他三类商品均大于0，说明化学工业贸易是逆差，处于国际竞争的劣势地位，其他三类商品贸易是顺差，处于竞争的优势地位。

表2-7　2007—2020年中国主要涉案行业净出口指数情况

年份	金属制品工业	化学原料和制品工业	钢铁工业	电子工业
2007	0.596	−0.1	0.387	0.638
2008	0.603	0.008	0.461	0.612
2009	0.37	−0.07	−0.65	0.62
2010	0.394	−0.1	0.006	0.603
2011	0.361	−0.06	−0.06	0.66
2012	0.381	−0.05	0.317	0.688
2013	0.419	−0.06	0.344	0.568
2014	0.517	−0.03	0.756	0.622
2015	0.601	−0.03	0.681	0.66
2016	0.621	−0.05	0.41	0.71
2017	0.609	−0.04	0.237	0.72
2018	0.625	−0.01	0.23	0.717
2019	0.662	−0.07	0.296	0.68
2020	0.723	−0.06	−0.02	0.684

资料来源：根据联合国商品贸易统计数据库数据计算。

分行业来看，电子工业的TC值处于0.6～0.8，说明其具有中等竞争力。另外，2009—2020年，金属制品工业的TC值在持续上升，从0.37上升到0.723，说明中国金属制品工业的竞争力在逐步上升。化学原料和制品工业的TC值表明，其对进口依赖度比较大，为净进口，没有竞争优势。

综合分析可以发现，尽管遭遇美国的反倾销、反补贴和“337调查”，中国金属制品工业、钢铁工业、电子工业仍处于竞争优势地位，而化学原料和制品工业则处于竞争劣势地位。

第二节 逆全球化与美国贸易救济调查影响因素分析

一、美国贸易救济调查规则的类别和特点

当前，全球化的动力与逆全球化的阻力并存。[①]梳理文献可知，美国一些持贸易保护主义和经济民粹主义立场的行业和利益集团认为，全球化和贸易自由化导致美国贸易赤字不断扩大、就业岗位流失、工人的实际工资下降[②]、收入分配不平等加剧[③]。他们强调，美国贸易政策的长期目标是降低和消除全球化造成的负面效应，为美国工人、企业和产业创造“美国优先”的国际贸易环境。[④]

美国贸易救济调查规则属于贸易法范畴（见表 2-8），从其宣称的主要用途看，其目的是消除外国贸易实践对美国国内产业和工人的负面影响。其中使用频率最高的是反倾销和反补贴调查，目标都是瞄准他国的“不公平”贸易实践。具体负责实施的部门有两个，一个是美国商务部下属的国际贸易管理局（ITA），负责认定倾销和补贴是否存在及其幅度、范围；另一个是美国国际贸易委员会（ITC），负责确定是否对美国产业造成损害或威胁。其他的贸易救济规则还包括《1974 年贸易法》第 201 条——关注公平交易的货物进口急剧上升问题，第 301 条款——关注违反贸易协定、外国不公平贸易实践及对美国商业的限制问题，以及《1930 年关税法》第 337

① 江时学．“逆全球化”概念辨析：兼论全球化的动力与阻力[J]．国际关系研究，2021（06）：3-17．

② 杨曦，徐扬．双边贸易失衡与美国制造业就业变动：“中国贸易冲击”的量化及效应分析[J]．经济学季刊，2022（02）：703-726．

③ 于春海．贸易赤字、债务可持续性与美国的贸易政策行为[J]．政治经济学评论，2019（10）：108-128．

④ 中共商务部党组．把握经济全球化大势 坚定不移全面扩大开放：深入学习贯彻习近平总书记关于经济全球化的重要论述[J]．求是，2020（24）：22-28．

条——关注专利、商品侵权及假冒伪劣商品等问题。上述贸易救济规则均需遵循 WTO 和关税及贸易总协定（GATT）规则、义务，包括《反倾销协议》《补贴与反补贴措施协议》《保障措施协议》。①

从贸易救济调查案件公告来看，美国的反倾销、反补贴调查都是以所谓的“使美国产业和工人免于受到不公平竞争的侵害”为主旨。但是，从美国国内进口企业和下游产业对此进行的批驳看，美国反倾销、反补贴调查的本质是隐蔽形式的保护主义措施，实施贸易救济不但导致进口价格上涨，还会导致全球贸易体系无效率。②表 2-8 列举了美国贸易救济调查的主要类别及特征。

表 2-8　美国贸易救济调查主要类别及特征

序号	类别	主要特征	实施概况
1	反倾销	（1）若存在出口商品在出口国的价格低于本国或其他出口市场的情况，即会被归为倾销范畴 （2）如果美国国际管理局（ITA）裁定外国商品在美国“以低于公平价值”销售，且美国国际贸易委员会（ITC）认定该进口对美国产业造成了实质性损害或威胁，那么就可以根据认定的倾销幅度，征收反倾销税 （2）反倾销税率的有效期并不是永久的，如果利益相关方申诉，则需要进行年度复审，以及五年期满后进行是否终止的行政复审（“日落复审”）	（1）反倾销是美国使用频率最高的贸易救济手段 （2）倾销被认为是不公平的贸易实践。美方认为出口企业倾销的目的主要有扩大市场份额、打击竞争对手或清理库存 （3）截至 2020 年 12 月，美国仍在生效的反倾销税令共 400 起，其中 1/3 的被诉方是中国
2	反补贴	（1）反补贴税的目的主要是抵消外国制造企业或出口企业获得政府或公共机构的补贴后所形成的具有损害性的竞争优势 （2）反补贴税旨在抵消外国补贴的净额，征收对象是进口到美国的受补贴商品 （3）尽管反倾销和反补贴调查针对的不公平贸易行为有所区别，但是调查程序类似	（1）在美国实施的贸易救济调查中，反补贴税的使用频率仅次于反倾销 （2）截至 2020 年 12 月，美国仍在生效的反补贴税令计 143 起，超过半数的适用目标是中国

① 卜英莲，刘昕．中美贸易救济制度比较及反思[J]．行政与法，2014（09）：120-124．

② 杨励，张宇翔．美国贸易救济体系运作机制分析[J]．国际经贸探索，2019（05）：106-114．

续表

序号	类别	主要特征	实施概况
3	保障措施201调查	（1）美国《1974年贸易法》第201条授权美国总统对对于国内产业构成实质性损害或损害威胁的进口实施临时性限制措施 （2）旨在提供临时性救济，实施附加关税或配额，以积极促进国内产业调整适应进口竞争 （3）不需要以“不公平”贸易实践为前置条件。美国国际贸易委员会收到行业协会、企业或其他行业组织代表的申诉后即可发起调查 （4）如果美国国际贸易委员会认定进口引起了实质性损害，那么就可以向美国总统建议实施临时性救济措施，最终是否实施则须再由美国总统裁定	（1）1975—2001年，美国国际贸易委员会发起了73起调查；其中否定性终裁32起，肯定性终裁34起。这一时期，美国最终施加保障措施的案件共19起 （2）2002—2016年美国发起的201调查案件数量为0 （3）2018年特朗普政府宣布，针对太阳能电池和家用洗衣机分别实施为期4年和3年的保障措施
4	232调查	（1）美国《1962年贸易扩展法》第232条也被称为“国家安全条款”，该法律授权美国总统可以对美国商务部认定的“对美国国家安全产生损害或损害威胁”的进口商品施加贸易限制措施 （2）根据相关规定，发起调查的前提条件是美国商务部产业和安全局（BIS）收到申请，或者自行发起；按照程序要求，再向美国国防部咨询，然后才可以启动调查程序 （3）规定了评价进口对美国国家安全影响的标准，美国商务部须据此评估。认定后，美国总统可以依据其裁量权做出是否施加关税、配额或其他抵消负面影响的措施	（1）1963—2016年美国商务部总计发起26起“232调查” （2）在特朗普执政时期，共发起8起调查。2018年特朗普政府宣布对美国进口的钢、铀分别加征25%和10%的关税，并对铀、海绵钛、取向电工钢进口存在的威胁采取了非贸易措施 （3）拜登政府于2021年延续了对钒的调查

续表

序号	类别	主要特征	实施概况
5	301调查	（1）美国《1974年贸易法》第301条授权美国贸易代表办公室（USTR）对贸易伙伴违反贸易协定或特定贸易实践实施调查及采取强制执行措施 （2）作为成文法依据，301条款的目标主要是外国违反贸易协定或“无正当理由”“不合理”损害美国商业的行为，手段是惩罚或实行贸易限制措施及贸易制裁 （3）1995年以前，美国广泛实施301措施的主要目的是向他国施加压力，推动其消除贸易壁垒，向美国出口品开放市场 （4）WTO争端解决机制建立以后，美国发起“301调查”数量显著减少 （5）为避免美国贸易代表不经过WTO争端解决机制的裁定就采取报复性措施，其必须受到WTO的约束	（1）自《1974年贸易法》颁布至2021年12月，美国发起了总计130起“301调查”，其中1995年WTO建立以后的案件数量是35起 （2）从历史数据看，欧盟是美国“301调查”的最主要目标，涉及事项中约30%关于农产品贸易 （3）特朗普执政时期，美国贸易代表办公室针对中国、欧盟等发起6起调查，针对越南发起2起 （4）拜登政府上台后的一年半时间内仍在延续301关税
6	337调查	（1）美国《1930年关税法》第337条规定，禁止采用不公平行为或实施不公平竞争方法的商品进口，或在美国销售这些进口商品。该成文法主要适用于知识产权侵权行为 （2）若进口品被认定为侵害美国专利、商标、版权、半导体产品光罩权（适用积体电路布局保护法来保护）、工业品外观设计权利，则适用337条款的禁止进口规定 （3）如果美国企业在“物件”生产过程中或者在确定生产过程中采用了被认定的侵犯知识产权的产品，那么将触犯相关法律	（1）收到企业申诉后，美国国际贸易委员会负责“337调查”。如果被裁定侵权成立，USITC可以发出排除令，由美国海关和边境保护局执行；也可以发出禁止令和（或）撤销令，由USITC执行 （2）2020年财政年度，美国共发出排除令24个，同比增加9个；中止和停止令45个，同比增加29个 （3）从发展趋势看，21世纪

续表

序号	类别	主要特征	实施概况
		(4) 数字数据的跨境传输不属于“物件”范畴，相关规定的覆盖范围不将其包括在内 (5)“337调查”中认定知识产权侵权不要求存在进口造成损害的证据	以来，美国发起“337调查”数量日趋上升 (4)2020财政年度，美国实施“337调查”总计120起，较2006年增加50起
7	307调查	(1)美国《1930年关税法》第307条规定，采掘、生产或制造的商品，如果被认定为包含全部或部分强迫劳动（含童工）行为，那么商品将被禁止进口 (2) 负责执行的机构是美国海关和边境保护局。任何个人和企业都可以就此事项向美国海关和边境保护局提出调查申请 (3) 即使调查结论认为申诉“没有充分证据”，也可以发出扣押令，拒绝对货物放行，禁止其进入美国市场	(1)自该条款出台后，据此规定发起的调查数量比较少 (2)美国国会于2015年对规则进行修订，降低实施标准，删除“消费需求例外”的规定 (3)2000—2015年，美国海关和边境保护局发起调查案件数量为0。2016年上升到30起，其中16起针对中国商品 (4)修订规则后，美国海关和边境保护局扩大了禁止令覆盖的产业和地区范围

资料来源：美国国际贸易委员会. https://www.usitc.gov/investigations/import_injury?f%5B0%5D=field_investigation_status%3Aactive。

二、定性分析与研究假设

（一）全球化产生的逆全球化阻力

全球化“获益群体”与“受损群体”的博弈是以保护主义、民粹主义、单边主义、孤立主义为主要表征的“逆全球化”在全球范围内持续发酵的重要推力。

梳理文献可知，一些美国利益集团声称，全球化及贸易自由化造成的损失会明显集中于美国某些特定夕阳产业，如一些传统制造业工业区的所谓“铁锈地带”，而形成的收益则会分布在消费者领域和各个朝阳产业。据此，美国的特定利益集团认为全球化缺乏包容性，仅仅使一部分群体受益。同时，这些支持“逆全球化”的利益集团还把就业岗位减少、工资水平停滞、各群体间收入差距扩大等作为反映贸易自由化负面影响的指标，而且完全忽略关于这些经济问题诸多决定因素的各种争议，将其成因完全归结于贸易自由化，主张实行贸易保护主义和经济民粹主义。①

此外，美国的“逆全球化”观点支持者还认为，尽管美国以往的对外贸易谈判和达成的国际贸易协定降低或消除了美国的贸易限制措施，但是在有效应对外国贸易保护主义措施、帮助美国企业和工人获得互惠的市场准入条件方面是失灵的。他们的观点是，一些 WTO 成员方不遵守公平贸易规则，实施的是“本国利益优先”的政策，破坏了美国的竞争优势。此外，尽管贸易自由化的影响是多层次的，但是全球价值链的发展和演进，以及随之变化的技术、劳动生产率、消费者偏好等，加速了美国产业的转型。② 基于此，本书提出以下假设。

假设 1：全球化带动“逆全球化”阻力的生成，致使贸易救济调查案件频发。

（二）就业问题、贸易赤字是美国发起贸易救济调查案件的重要影响因素

贸易、技术变革等各种市场力量既会创造新的就业岗位，也会破坏原有的就业市场格局，这就是经济学意义上的“职业搅动”（job churn）。③贸易对不同的劳动群体和不同的职业岗位会产生不同的影响。无论是国际贸易还是国内贸易，都会带来摩擦性失业和结构性失业。在一国内部，当企业在地区之间重新配置资源时，国内贸易渠道就会发生作用，引发不同经

① 商务部研究院课题组．全球化新阶段我国对外发展综合考量[J]．经济学动态，2013：（02）：9-22.

② 白暴力，傅辉煌．经济全球化的资本主义边界与发展趋势：当前形势与我国的对策[J]．经济纵横，2021（01）：64-71.

③ Donald R Davis, James Harrigan. Good Jobs, Bad Jobs and Trade Liberalization. Journal of International Economics, 2011, 84(1): 26-36.

济部门，甚至同一经济部门内部的劳动力流动。贸易自由化会促使一国比较优势的产业部门就业岗位增加，比较劣势产业部门就业机会减少。在这一变动过程中，社会就业结构会发生改变，但是并不意味着净就业岗位减少。[①]

"贸易赤字"通常包括三方面内容——货物贸易赤字、货物和服务贸易赤字、经常账户差额。货物、服务和一些收入流动的出口和进口差额被称为贸易差额。贸易差额可以被用来描述双边贸易关系和总体对外贸易关系。当进口超过出口时，就会出现赤字。从更广泛的意义看，贸易赤字这一衡量指标可以用来表示一国消费大于生产以及国内储蓄不足以进行投资。第二次世界大战结束以后，美国长期存在贸易赤字。2021 年美国货物和服务贸易赤字总规模达 8613.83 亿美元。美国贸易赤字的根源主要是货物贸易，赤字高达 10 913.84 亿美元，此前在 2006 年，其也曾达到 8373 亿美元的高点。[②]在服务贸易领域，美国长期处于顺差状态，并且呈扩大趋势。2021 年，美国服务贸易顺差额为 2300.01 亿美元。[③]总体来看，在巨额贸易赤字的背景下，美国坚持贸易保护主义，以公平贸易为由，频繁发起贸易救济调查。基于此，本书提出以下假设。

假设 2：货物出口及制造业产品出口领域就业占比下降将提高美国反倾销、反补贴案件数量。

假设 3：贸易赤字规模不断扩大，促使美国采取更多种类的政策工具，以降低对反倾销、反补贴措施的依赖。

三、模型构建与数据来源

（一）变量设定及数据来源

如表 2-9 所示，以美国贸易救济调查为被解释变量，采用世界贸易组

---

① 张亚斌，杨翔宇，钟源．美国制造业就业及变动机制研究：基于全球价值链视角[J]．国际贸易问题，2020（11）：94-108.

② The Bureau of Economic Analysis[EB/OL]. [2022-05-06]. https://www.bea.gov/data/intl-trade-investment/international-trade-goods-and-services.

③ The Bureau of Economic Analysis[EB/OL]. [2022-05-06]. https://www. bea. gov/news/glance.

织发布的数据①；解释变量为美国就业、美国贸易赤字、全球化。美国就业采用美国国际贸易管理局（ITA）公布的数据，主要从与制造业、货物及服务出口相关的就业人口在总就业劳动者中的占比三个方面进行考察。②美国贸易赤字采用美国国民经济研究局（BEA）公布的进出口贸易差额来衡量。③全球化指标采用苏黎世理工学院经济研究所（KOF）发布的全球化指数来衡量，④ 包括综合全球化指数，以及经济、社会、政治、贸易、金融全球化指数，⑤ 指标的下降则表示“逆全球化”⑥。

表 2-9　变量定义表

类型	变量名称	变量符号	变量说明
被解释变量	反倾销调查	$\mathrm{LN}Y_1$	用美国发起反倾销调查案件数量的自然对数表示
	反补贴调查	$\mathrm{LN}Y_2$	用美国发起反补贴调查案件数量的自然对数表示
解释变量	制造业出口行业就业	$\mathrm{LN}X_1$	用美国制造业出口领域就业与总就业的比值表示，并取自然对数
	货物出口行业就业	$\mathrm{LN}X_2$	用美国货物出口领域就业与总就业的比值表示，并取自然对数
	服务出口行业就业	$\mathrm{LN}X_3$	用美国服务出口领域就业与总就业的比值表示，并取自然对数
	贸易赤字	$\mathrm{LN}X_4$	用美国进出口贸易差额表示，并取自然对数
	综合全球化	$\mathrm{LN}X_5$	用 KOF 美国综合全球化指数表示，并取自然对数

① World Trade Organization. Anti-dumping[EB/OL]. [2022-06-26]. https://www.wto.org/english/tratop_e/adp_e/adp_e.htm.

② The International Trade Administration. Jobs Supported by Exports for the United States and other Research Publications[EB/OL]. [2022-06-26]. https://www.trade.gov/feature-article/otea-publications#:~:text=In%202019%2C%20it%20is%20estimated, to%20have%20supported%205%2C095%20jobs.

③ The Bureau of Economic Analysis[EB/OL]. [2022-05-06]. https://www.bea.gov/data/intl-trade-investment/international-trade-goods-and-services.

④ 王金良．谁是全球化的推动者？——KOF 全球化指数的分析[J]．探索，2017（04）：167-174.

⑤ 周先平，向古月，皮永娟．逆全球化对中国经济增长的微观效应及其作用机理[J]．国际金融研究，2020（04）：23-32.

⑥ 高运胜，李之旭，朱佳纯．贸易失衡引致了“逆全球化”吗？——基于增加值贸易视角[J]．国际贸易问题，2021（09）：1-16.

续表

类型	变量名称	变量符号	变量说明
	经济全球化	LNX_6	用KOF美国经济全球化指数表示，并取自然对数
	社会全球化	LNX_7	用KOF美国社会全球化指数表示，并取自然对数
	政治全球化	LNX_8	用KOF美国政治全球化指数表示，并取自然对数
	贸易全球化	LNX_9	用KOF美国贸易全球化指数表示，并取自然对数
	金融全球化	LNX_{10}	用KOF美国金融全球化指数表示，并取自然对数

（二）模型设定

基于以上研究假设及变量设定，利用2001—2020年数据，构建以下模型：

$$LNY_1=\alpha_0+\alpha_1 LNX_1+\alpha_2 LNX_5+\varepsilon \tag{2-1}$$

$$LNY_1=\alpha_0+\alpha_1 LNX_1+\alpha_2 LNX_4+\alpha_3 LNX_6+\varepsilon \tag{2-2}$$

$$LNY_2=\alpha_0+\alpha_1 LNX_1+\alpha_2 LNX_5+\varepsilon \tag{2-3}$$

$$LNY_2=\alpha_0+\alpha_1 LNX_1+\alpha_2 LNX_4+\alpha_3 LNX_6+\varepsilon \tag{2-4}$$

$$LNY_1=\alpha_0+\alpha_1 LNX_2+\alpha_2 LNX_3+\alpha_3 LNX_7+\alpha_4 LNX_8+\alpha_5 LNX_9+\alpha_6 LNX_{10}+\varepsilon \tag{2-5}$$

$$LNY_2=\alpha_0+\alpha_1 LNX_2+\alpha_2 LNX_3+\alpha_3 LNX_7+\alpha_4 LNX_8+\alpha_5 LNX_9+\alpha_6 LNX_{10}+\varepsilon \tag{2-6}$$

其中，式（2-1）、式（2-3）、式（2-5）、式（2-6）分别考察就业、全球化对美国发起反倾销、反补贴调查案件的作用，式（2-2）、式（2-4）分别考察就业、贸易赤字、全球化的影响。

四、数据分析与实证结果

（一）描述性统计分析

变量描述性统计如表2-10所示，可以看出，美国反倾销调查案件数量的最大值和最小值相差较大且标准差较大，说明在不同年度美国发起反倾销案件数量存在显著差异。在解释变量方面，贸易赤字规模的标准差较大，说明美国各年度贸易赤字规模间存在着较大差异。

表 2-10　变量描述性统计

变量	样本量	均值	最大值	最小值	标准差
LNY_1	20	3.205 651	4.488 636	1.098 612	0.800 04
LNY_2	20	2.219 594	3.401 197	0.693 147	0.863 078
LNX_1	20	−1.449 37	−1.305 64	−1.619 49	0.105 538
LNX_2	20	−1.475 61	−1.331 81	−1.645 07	0.103 804
LNX_3	20	−2.961 02	−2.796 88	−3.170 09	0.116 98
LNX_4	20	8.593 462	8.940 541	8.189 725	0.210 049
LNX_5	20	4.384 881	4.406 719	4.343 805	0.023 73
LNX_6	20	4.185 629	4.219 508	4.143 135	0.022 08
LNX_7	20	4.414 501	4.465 908	4.317 488	0.053 168
LNX_8	20	4.522 329	4.532 599	4.521 789	0.002 417
LNX_9	20	3.997 106	4.025 352	3.970 292	0.019 265
LNX_{10}	20	4.404 168	4.430 817	4.382 027	0.015 134

（二）相关系数分析

根据表 2-11 至表 2-14 可知，式（2-1）至式（2-6）所涉及各个变量之间具有一定的相关性，说明各个模型的设置是合理的。

表 2-11　相关系数分析（1）

变量	LNY_1	LNX_1	LNX_4	LNX_5	LNX_6
LNY_1	1.000 000				
LNX_1	−0.422 147	1.000 000			
LNX_4	−0.347 452	−0.425 983	1.000 000		
LNX_5	0.076 694	0.648 279	−0.603 353	1.000 000	
LNX_6	0.203 919	0.224 768	−0.198 140	0.718 384	1.000 000

表 2-12　相关系数分析（2）

变量	LNY_2	LNX_1	LNX_4	LNX_5	LNX_6
LNY_2	1.000 000				
LNX_1	0.213 101	1.000 000			
LNX_4	−0.806 097	−0.425 983	1.000 000		
LNX_5	0.636 242	0.648 279	−0.603 353	1.000 000	
LNX_6	0.450 923	0.224 768	−0.198 140	0.718 384	1.000 000

表 2-13　相关系数分析（3）

变量	LNY_1	LNX_2	LNX_3	LNX_7	LNX_8	LNX_9	LNX_{10}
LNY_1	1.000 000						
LNX_2	−0.386 390	1.000 000					
LNX_3	−0.212 473	0.970 161	1.000 000				
LNX_7	−0.001 850	0.746 273	0.785 202	1.000 000			
LNX_8	0.085 571	−0.036 375	0.009 071	0.227 580	1.000 000		
LNX_9	−0.004 821	0.601 219	0.684 646	0.679 014	−0.099 235	1.000 000	
LNX_{10}	0.240 466	−0.138 670	−0.068 390	0.071 290	−0.151 165	0.551 144	1.000 000

表 2-14　相关系数分析（4）

变量	LNY_2	LNX_2	LNX_3	LNX_7	LNX_8	LNX_9	LNX_{10}
LNY_2	1.000 000						
LNX_2	0.264 026	1.000 000					
LNX_3	0.416 920	0.970 161	1.000 000				
LNX_7	0.617 896	0.746 273	0.785 202	1.000 000			
LNX_8	0.167 344	−0.036 375	0.009 071	0.227 580	1.000 000		
LNX_9	0.355 726	0.601 219	0.684 646	0.679 014	−0.099 235	1.000 000	
LNX_{10}	0.164 251	−0.138 670	−0.068 390	0.071 290	−0.151 165	0.551 144	1.000 000

（三）实证结果分析

1. 就业、贸易赤字和逆全球化对美国发起反倾销、反补贴调查的影响

表 2-15 中模型 1 和模型 3 两列分别考察了制造业出口领域就业、综合全球化对美国发起反倾销、反补贴调查案件的影响，研究发现制造业出口领域就业占比对美国发起反倾销调查案件具有显著负向作用，综合全球化指数对反倾销、反补贴调查具有显著正向作用。

表 2-15 中模型 2 和模型 4 两列分别考察了制造业出口领域就业、贸易赤字、经济全球化对美国发起反倾销、反补贴调查的作用。回归结果显示，制造业出口领域就业对美国反倾销调查具有显著负向作用；贸易赤字对美国反倾销、反补贴调查均具有显著的负向作用，主要是因为贸易赤字规模不断扩大，会导致美方从更多的角度挖掘美国贸易赤字的根源，并采取诸如促进储蓄与投资趋向于平衡，进而达到削减贸易赤字的措施；经济全球化对美国反倾销、反补贴调查均具有显著正向作用，表明经济全球化在推动贸易规模扩大的同时，也会促使美国以促进公平贸易为由，实施更多的逆全球化的反倾销、反补贴措施。

表 2-15　多元回归结果

变量	模型 1 LNY_1	模型 2 LNY_1	模型 3 LNY_2	模型 4 LNY_2
制造业出口领域就业占比对数（LNX_1）	-6.170 096*** （1.886 023）	-4.689 042*** （1.321 572）	-2.812 236 （1.890 425）	-0.221 22 （1.361 687）
贸易赤字对数（LNX_4）		-2.351 973*** （0.724 858）		-2.922 258*** （0.746 86）
综合全球化指数对数（LNX_5）	20.374 81** （8.387 831）		31.248 21*** （8.407 406）	
经济全球化指数对数（LNX_6）		22.513 23*** （7.046 894）		30.396 35*** 7.260 795
常数项	-95.078 24** （38.608 17）	-77.610 95** （27.612 95）	-138.876 1*** （38.698 27）	-100.216 5*** （28.451 11）
R^2	0.389 949	0.561 068	0.473 36	0.599 601

注：*、**、***分别表示系数估计值在 10%、5%、1%的水平下显著，括号内为估计系数的稳健标准误。

2. 分部门、分类别回归

货物和服务出口领域的从业者对美国实施反倾销、反补贴调查问题存在分歧，贸易全球化、金融全球化、社会全球化、政治全球化之间也存在着较大差异，这些分歧和差异使得就业和全球化对美国发起反倾销、反补贴调查产生的作用不同，因此按照部门、类别进行分组。

表 2-16 考察了就业和全球化在分部门、分类别状况下对美国发起反倾销、反补贴调查的作用。从模型 5 和模型 6 两列可以发现，货物和服务出口领域就业对美国反倾销、反补贴调查分别具有负向和正向作用，这是因为美国长期存在货物贸易逆差、服务贸易顺差的状况。相应地，货物贸易领域的生产和就业岗位面临进口商品的挑战，当货物贸易领域的从业人员占比下降时，劳动者从货物出口部门转向服务生产和出口部门时，要求实施反倾销、反补贴调查的诉求就会上升。

从表 2-16 中模型 5 和模型 6 两列还可以发现，贸易全球化指数对美国发起反补贴调查具有负向作用，社会全球化指数对美国发起反倾销、反补贴调查具有正向作用。

表 2-16　分部门、分类别多元回归结果

变量	模型 5 LNY_1	模型 6 LNY_2
货物出口领域就业占比对数（LNX_2）	−26.533 89*** （5.330 704）	−23.236 29*** （4.270 429）
服务出口领域就业占比对数（LNX_3）	21.294 33*** （5.353 014）	22.868 28*** （4.288 302）
贸易全球化指数对数（LNX_9）	−24.872 91 （16.286 67）	−44.510 69*** （13.047 26）
金融全球化指数对数（LNX_{10}）	12.301 81 （14.042 19）	24.184 69* （11.249 2）
社会全球化指数对数（LNX_7）	8.468 276* （4.299 392）	16.252 81*** （3.444 245）
政治全球化指数对数（LNX_8）	−72.887 79 （57.961 06）	−80.869 95 （46.432 63）
常数项	364.384 6 （273.640 9）	400.433 9* （219.213 8）
R^2	0.707 634	0.838 778

注：*、**、***分别表示系数估计值在 10%、5%、1%的水平下显著，括号内为估计系数的稳健标准误。

五、结论与启示

本节在基于就业、贸易赤字和逆全球化对美国发起贸易救济调查作用机制的已有研究上，利用 2001—2020 年美国的时间序列数据对其进行了实证分析。结果表明：①制造业出口行业就业占比上升，使得美国发起反倾销、反补贴案件的数量显著减少，对贸易赤字规模具有显著负向作用，对综合全球化及经济全球化具有显著正向作用，这表明就业、贸易赤字、全球化和逆全球化已经成为美国发起贸易救济调查案件的主要影响因素。②将就业人员区分为货物和服务出口行业，表明货物出口行业就业占比上升抑制了美国反倾销和反补贴，服务出口行业就业占比上升则对其具有推动作用。③分类别全球化回归结果表明，贸易全球化和金融全球化对美国发起反补贴调查案件分别具有降低和推高作用，社会全球化则具有增加作用。

综合以上研究结论，可以得出如下启示：

（1）所谓的贸易破坏就业、保留就业岗位是美国贸易限制支持论的主要理由。实证结果表明，伴随着某些经济活动的扩张和其他经济活动的收缩，新工作岗位会生成，而传统就业岗位会被替代，在这个过程中，贸易和其他各种市场力量一同发挥着推动作用。一些劳动者会在贸易中受益（例如，出口部门的生产扩张带动本部门工资水平上升），而另外一些劳动者则将遭受损失（例如，进口竞争部门的生产收缩，导致本部门工作岗位减少）。在这一变化过程中，生产扩张导致对高技术的需求增长、对劳动力的需求相对下降，其结果是很多产品的劳动密集型环节（如加工组装环节）被转移到海外，而一些高附加值环节（如设计、研发和营销环节）被保留在美国本土。美国为了降低全球化对制造业和货物出口领域特定利益群体造成的负面影响，实施逆全球化的反倾销、反补贴等贸易救济措施。①

（2）美国反倾销、反补贴以及其他的贸易救济调查蕴含的贸易壁垒风险因素，伴随着全球化动力遭遇逆全球化的阻力而逐渐显现。尽管在全球化快速发展过程中，关税、配额、补贴、劳动力和资本国际流动的限制等

---

① 刘维林，程倩，张敏．全球价值链视角下中美贸易摩擦的就业影响测算[J]．中国人口科学，2020（02）：15-29，126．

都在减少，利用全球价值链可以获得显著的收益，但是在逆全球化倾向的作用下，也面临着潜在的成本和风险。尤其是商品出口目的地集中于特定地区或对单一市场高度依赖的问题更是不容忽视。在全球价值链的作用下，中美贸易关系相互依赖程度不断加深，但是当逆全球化的外部冲击来临时，一旦全球价值链发生断裂，造成的损害也将是巨大的。与此同时，综合全球化体系中的社会全球化对美国发起贸易救济调查案件的影响越来越显著，其对美国发起反倾销、反补贴调查的促进作用也越来越大。

（3）美国的一些利益集团认为，美国双边贸易赤字规模比较大的主要原因在于贸易伙伴国实施“不公平”、导致市场扭曲的贸易政策。他们指责美国的贸易逆差来源国实行出口和生产补贴、歧视性规制政策。以此为由，美国利益集团频繁发起反倾销、反补贴调查。但是，需要注意的是，美国的长期巨额贸易赤字表明美国储蓄与投资比率在下降。此外，美国贸易逆差还受到全球生产和贸易网络关系、总体经济发展水平和相对的经济增长率、要素禀赋的丰裕程度、技术进步率等因素的影响。

通过比较美国公布的各种削减贸易赤字的政策工具可以发现，贸易救济调查是解决总的贸易失衡最缺乏效率的政策工具。如果仅仅采取通过反倾销、反补贴等贸易救济措施削减贸易赤字的政策，而不从根本上解决宏观经济失衡问题，只会对经济造成负面影响，而且长期来看也不会减少贸易赤字。因此，在贸易赤字规模不断扩大的情况下，美国也不得不减少对贸易救济措施的依赖，寻求各种替代性的解决途径，如扩大国内储蓄、减少国内消费支出和政府预算赤字、降低外国投资（如减少从海外举债），以及推动美元贬值，或者推动他国减少对外汇市场的干预。

第三节　美国对中国市场经济地位的认定及演变趋势

一、《中国加入世贸组织议定书》与中国“非市场经济地位”的认定规则

从改革开放以来的中美贸易关系看，美国在对华贸易救济调查中适用

“非市场经济地位”规则，最早可以追溯到1981年。

2001年中国加入WTO时，中国与WTO各成员方达成协议，允许在反倾销调查时适用“替代国”方法评估涉案商品的成本和价格。关于非市场经济地位问题，根据2001年《中国加入世贸组织议定书》第15条的规定，在中国加入WTO 15年后，即2016年12月11日后，WTO各成员方应在对华反倾销调查中停止采用“非市场经济地位”方法计算倾销幅度。① 如果继续不给予中国完全市场经济地位，会对中国出口企业造成“不公平、不合理和歧视性结果”。中国是全球反倾销调查最大目标国，其根本原因就在于中国未获得完全市场经济地位。

然而，在过渡期满后，当中方要求包括美国在内的WTO成员方履行义务、终止使用“替代国”方法的时候，美国却声称，根据WTO规则协议的相关表述，过渡期满后，其他成员方并不负有自动给予中国“市场经济地位”的义务。② 为此，尽管中国就美方不履行给予中国市场经济地位承诺向WTO争端解决机制发起申诉，但是美国仍然于2020年向WTO总理事会提交了《市场导向条件之于世界贸易体系的重要性》文件，③提案的内容④表明，美国仍拒绝承认中国符合市场经济地位的标准。⑤ 与此同时，美方发布的贸易救济调查案件公告也表明，美方认为，在《中国加入世贸组织议定书》第15条规定的15年过渡期到期后，中国须充分证明其符合市场经济地位的标准，否则其他WTO成员方仍将能够继续将中国认定为非市场经济国家（见图2-1）。⑥

自2007年开始，美国颁布了新的法规，允许美国商务部同时将反补贴税适用于非市场经济国家的生产补贴和出口补贴行为。此后，美国对中国

---

① 左海聪，林思思. 2016年后反倾销领域中国（非）市场经济地位问题[J]. 法学研究，2017，39（01）：157-174.

② 王俊. “非市场经济地位”之诉：规则背后的大国博弈[J]. 苏州大学学报（哲学社会科学版），2017，38（06）：123-131.

③ 牛钰彤. WTO改革中的“市场导向条件”探究[J]. 海关与经贸研究，2021，42（05）：84-94.

④ World Trade Organization. Imporatance of Market-Oriented Conditions to the World Trading Systemt [EB/OL]. https://docs.wto.org/dol2fe/Pages/SS/directdoc.aspx?filename=q:/WT/GC/W803R1.pdf&Open=True.

⑤ 孟祺. 美国对华反倾销“市场经济地位”的处理及应对[J]. 甘肃社会科学，2018（06）：155-161.

⑥ 王一栋，张庆麟. 对《中国入世议定书》第15条的法律解读、实践分析与对策建议[J]. 国际贸易，2017（04）：62-67.

等 WTO 成员的相同商品同时发起反倾销调查和反补贴调查的案件数量逐渐上升。按照修改的规则，美国可以对非市场经济国家联合实施反倾销和反补贴调查，但是相应的反倾销税率和反补贴税率却是分别确定的，因此被诉商品实际受到的是美国的双重贸易救济，其危害性明显加大。①

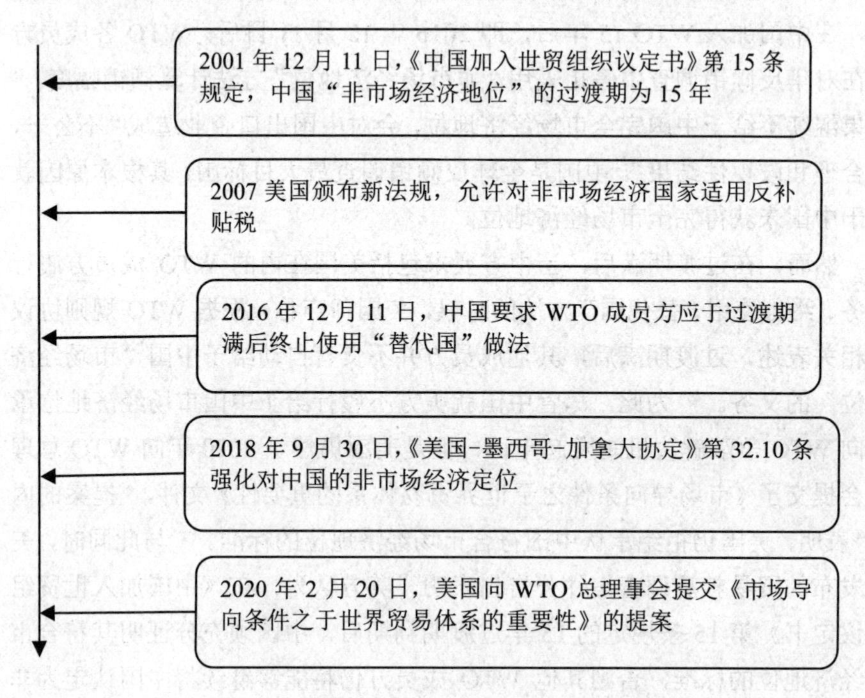

图 2-1　美国对中国市场经济地位态度的演变

通过分析美国贸易法规定和实际案例可以发现，“非市场经济地位”表示的是美国商务部认定某国“价格和成本不是基于市场原则形成的，因此该国商品销售并不能反映商品的公平价值”。非市场经济地位会给出口国造成不利影响。假设某国被认定为非市场经济国家，那么在反倾销调查中，就会以其他“替代国”商品的成本和价格作为推定“正常价值”的标准，由此产生的结果通常是裁定的反倾销税率远远高于生产商/出口商实际的价格和成本。

① 史红梅. 市场经济地位遭遇“非市场阻力”——从美欧拒绝承认中国“市场经济地位”说起[J]. 理论月刊，2017（10）：131-135，145.

美国反倾销法指出，美国反倾销措施是为美国企业和劳动者提供的一种贸易救济机制，如果外国企业被认定为企图在美国市场以低于本国市场的价格销售商品，即被认定为低于公平价值，那么利益相关者就可以提出申诉。从实施程序看，美国商务部负责认定倾销是否发生，美国国际贸易委员会负责调查是否存在对美国产业造成“实质性损害”或“实质性损害威胁”，判断的依据通常是利润或市场份额是否减少。如果裁定指控成立，那么美国商务部就可以发出针对涉案进口商品加征附加税的税令，征收幅度以抵消倾销造成的市场扭曲幅度为限。

在针对非市场经济国家的贸易救济调查中，美国商务部假定计算涉案商品价格和成本的市场机制不存在，因此，裁定的反倾销税率将适用于该出口国的全部同类产品，仅有的例外条件是，在特定企业能够证明其运营在法律上和事实上不存在政府控制的情况下，可以适用单独反倾销税率。① 基于此，为了制定出适用于该非市场经济国家全部同类出口商品的反倾销税率，美国商务部会援引世界银行以购买力评价为基础测算的国民总收入指标，确定一些市场经济国家作为替代国。在调查中，美国商务部通常将替代国中某国生产的类似商品作为非市场经济国家涉案产品的替代商品进行计算，通过比较“替代国”和非市场经济国家向美国商品的价格和成本确定倾销幅度。同时，如果其被证明存在实质性损害，那么就会施加反倾销税。

二、美国对中国市场经济地位的态度及市场经济地位的认定标准

2021 年美国商务部认定的非市场经济国家共 11 个，包括中国、越南、白俄罗斯、格鲁吉亚、吉尔吉斯斯坦、亚美尼亚、阿塞拜疆、摩尔多瓦、塔吉克斯坦、乌兹别克斯坦、土库曼斯坦。此前，美国商务部承认的由非市场经济地位转型为市场经济地位的国家主要有波兰（1993 年）、俄罗斯（2002 年）和乌克兰（2006 年）。获得市场经济地位的途径主要有两个：一

---

① 李诗娴，李健男．论中国“市场经济地位”的法律定义：基于《中国加入 WTO 议定书》第 15 条的研究[J]．财经科学，2017（10）：63-72．

是与美国进行正式磋商；二是在美国反倾销调查中，企业应诉，取得企业或行业市场经济地位。

美国商务部认定市场经济地位的标准包括以下几项：一是外汇市场的可自由兑换程度；二是工资水平的市场化程度，即劳动者和管理层之间讨价还价决定工资的程度；三是对外资的开放程度；四是政府对生产的所有权和管控程度；五是政府对资源配置、企业生产和定价的管控程度；六是其他适当的因素。此外，美国商务部还规定，在反倾销调查过程中，如果应诉企业提供的证据材料能够充分证明特定产业领域符合相关条件，那么该特定行业将获得市场经济地位，但是其他行业仍将适用非市场经济地位。在2021年对华反倾销调查案件的裁决中，美国商务部宣称不给予中国完全市场经济地位，理由是“国家在经济中的作用，以及与市场和私人企业之间的关系，导致经济体系存在根本扭曲”。此外，其还宣称在对华反倾销调查中，仍将不能基于中国的价格和成本进行分析认定。很明显，美国关于市场经济地位的认定标准过于宽泛，各个因素的权重也缺乏清晰度。[①]

实践中，如果涉案出口企业能够证明其按照市场经济条件运营，那么就可以适用反倾销单独税率。从税率水平看，这些案件中裁定的单独税率要低于采用“替代国”方法计算的反倾销税率。此外，在其中一起案件中，美国针对市场经济国家适用的反倾销税率要高于对中国同行业的总体税率。

三、利益相关者的态度

从美国国内持支持中国完全市场经济地位立场的企业和行业团体的视角看，给予中国完全市场经济地位有利于避免中美贸易关系复杂化，同时也可以促进双边贸易摩擦的化解及提升经贸合作水平。但是，与之相反的观点认为，在对华反倾销调查中采用非市场经济地位方法，会给美国进口企业带来竞争。从美国国内特定利益集团持有的观点看，一旦取消非市场经济地位方法，就会削弱美国贸易救济调查的胜诉率，尤其是这些特定利

① 张丽英，庞冬梅．论“市场扭曲”定义市场经济地位的不合理性[J]．经贸法律评论，2020（01）：75-93．

益集团还指责中国产能过剩行业（如钢铁）一直存在向全球市场低价倾销商品的潜在风险，届时，美国企业和工人都将受到中国商品的竞争威胁。[①] 此外，根据 2018 年 9 月 30 日达成的《美国-墨西哥-加拿大协定》（USMCA）第 32.10 条设置的非市场经济地位自由贸易协定条款，其规定了墨西哥、加拿大强化对中国不完全市场经济地位的定位，阻碍了与中国双边贸易的深化发展。[②]

第四节　非市场经济地位、“替代国”方法在反倾销中的作用

一、非市场经济地位与“替代国”做法的关系

仅仅依据非市场经济地位就直接对中国企业适用“替代国”方法是违反《中国加入世贸组织议定书》第 15 条规定的。根据《中国加入世贸组织议定书》第 15 条，反倾销调查中适用“替代国”方法，必须符合一定的前提条件，即不能违背“当国内价格和出口价格可比性不适当”的判断标准，[③] 否则应予以纠正。也就是说，事实上，“替代国”做法并不是世界贸易组织的一般方法，而是例外条款，在适用时必须符合法律要件。[④]

此外，不应忽略《中国加入世贸组织议定书》第 15 条规定的“自动终止条款”的内涵，应当予以明确的是，在《中国加入世贸组织议定书》第 15a（ii）到期后，无论中国是否获得市场经济地位，继续适用“替代国”做法的 WTO 法律依据都应告失效，[⑤] WTO 成员须履行条约义务，取消“替代国”做法，转而以 WTO 一般规则确定中国出口商品的正常价值，[⑥]“自

---

① 冯军．中国“入世”议定书第 15 条与“市场经济地位”问题探讨[J]．国际商务研究，2016，37（06）：84-88，94．

② 张小波，李成．论《美国-加拿大-墨西哥协定》背景、新变化及对中国的影响[J]．社会科学，2019（05）：27-39．

③ 吕航．替代国方法之变迁模式[J]．学术交流，2020（06）：108-119．

④ 白明．“替代国”做法不是世贸组织反倾销规则的一般方法[J]．学术前沿，2018（02）：84-89．

⑤ 齐琪．新“替代国”做法及其 WTO 合规性探析[J]．江淮论坛，2018（01）：36-44．

⑥ 曾艳军．论反倾销中的替代国制度及我国的法律对策[J]．财经理论与实践，2020（02）：152-159．

动终止条款”终止的是对华在反倾销领域的“特殊替代国方法”，即基于出口国特殊经济体制下进口国在反倾销过程中对出口国所采用的“替代国”方法。

二、非市场经济地位与美国对华反倾销“替代国”清单

美国贸易救济调查机关采用的“替代国”方法提高了倾销幅度和倾销税率，成了美国国内产业利益集团限制进口产品竞争、保护国内商品市场的工具。2017 年 10 月 26 日，美国商务部发布公告不承认中国的市场经济地位，同时，在对华反倾销调查中不采用中国的价格和成本，理由是“国家在市场中的作用以及与市场和私人生产部门之间的关系造成了经济的根本性扭曲”。

2021 年 12 月 1 日，美国商务部公布对华反倾销调查“替代国”清单（见表 2-17）。由于美国将中国认定为“非市场经济经济体”，使用“替代国”的生产成本作为替代价值，这些“替代国”一般为美国所认定的所谓的与中国经济发展水平相近的市场经济国家，同时是被识别商品或被类比商品的重要生产国。①

表 2-17 中国的“替代国”清单 单位：美元

国家	2020 年人均国民收入
智利	13 470
罗马尼亚	12 570
哥斯达黎加	11 460
马来西亚	10 580
保加利亚	9 540
土耳其	9 050

资料来源：World Bank. World Bank Development Indicators. http://data.worldbank.org/indicator/NY.GNP.PCAP.CD.

① International Trade Administration. Dumping Allegation[EB/OL]. [2022-06-28]. https://www.trade.gov/dumping-allegation.

根据美国商务部的公告，若采用“替代国”要素价格作为反倾销调查中的正常价值，那么就需要遵循美国商法典第 773（C）（4）条款的规定，基于两条标准确定“替代国”：一是经济发展水平与中国经济发展可比较，二是属于涉案主体商品的重要生产国。①

根据第一条标准的规定，并基于与中国人均国民收入水平的比较，公告列出了非完全列举的清单。根据经济学原理，国民收入是测度一国经济发展水平的主要指标之一。根据世界银行公布的数据，2020 年，中国人均国民收入为 10 610 美元。

根据 2021 年 6 月 1 日发起的美国对华镁业反倾销案（Magnesium from China，59 FR 55424）②和 2014 年 5 月 1 日发起的美国对华糖精反倾销行政复审案（Saccharin from China，59 FR 58818）③，美国贸易救济调查机关在选择“替代国”时，将 6 个国家列入与我国经济发展水平相同名单。此外，还对是否属于“可比商品”（Comparable Merchandise）的“重要生产者”（Significant Producer）进行了认定。在美国成文法中，虽然在实践中普遍采用“类似商品”（Like Product）进行调查，但是没有规定“可比”或“重要”的评价标准。与此同时，根据美国进口管理政策公告（Import Administration Policy Bulletin 04.1），在案件调查中，认定可比商品的标准主要为生产要素的相似性（物理的或非物理的）、要素密集度。④

再者，根据美国对华铅笔案（Pencils from China，59 FR 55625），在调查过程中，若发现在 6 个国家中不止 1 个国家符合美国成文法规定的“替代国”标准，美国反倾销调查机关还会依据数据的可获得性和数据质量选择某个单一国家为“替代国”⑤。参照美国对华特定碳钢对焊管件案（Butt

① International Trade Administration. Non-Market Economy Surrogate Country Selection Process [EB/OL]. [2022-06-28]. https://enforcement.trade.gov/policy/bull04-1.html.

② United States International Trade Commission.Import Injury Investigation[EB/OL]. [2022-06-28]. https://www.usitc.gov/investigations/701731/2021/magnesium_china/third_review_expedited.htm.

③ United States International Trade Commission. Saccharin from China[EB/OL]. [2022-06-28]. https://www.usitc.gov/investigations/701731/2014/saccharin_china/second_review_full.htm.

④ International Trade Administration. Antidumping(AD) Margin Calculation Programs[EB/OL]. [2022-06-28]. https://access.trade.gov/resources/sas/programs/amcp.html.

⑤ United States International Trade Commission. Casted Pencils from China[EB/OL]. [2022-06-28]. https://www.usitc.gov/investigations/701731/2017/cased_pencils_china/fourth_review_full.htm.

Weld Carbon Steel Pipe Fittings from China，57 FR 21062），在公平价格调查中，除了公开价格外，还将总量、时间、数据来源等因素纳入考量范围，采用基于免关税和免国内税计算的要素价格。

梳理相关案例裁定可以发现，一方面，美国贸易救济调查机关公布的6个“替代国”主要是基于所谓的“经济发展水平相同”因素确定；另一方面，由于这些国家在投入品估值方面的相关数据在权利所属、可计量、审查路径等会计学意义上的特征比较明确，易于确定，有利于美方认定倾销成立，以使美方申请方企业胜诉。与此同时，除了这6个被频繁采用的“替代国”之外，其“歧视性”还体现在将经济发展水平与中国处于不同阶段的国家作为“替代国”。在相关判例中，所公布的选择标准明显表明数据的考量优先于经济发展水平。鉴于数据在诉讼中发挥的关键性、基础性作用，美国反倾销调查部门也在相关案件调查中将经济发展水平与中国不同的国家作为中国的“替代国”，以支撑其维护美国国内产业利益集团的目标。但是，尽管如此，总体上国民收入仍然是美国选择非市场经济国家“替代国”的主要标准。

根据美国成文法及进口管理政策公报（section 773(c)(2) of the Statute and Import Administration Policy Bulletin 04.1）的相关规定，一旦在确定正常价值时，被美国贸易救济调查机关确定为无法在市场经济国家获得充分的要素数据，那么就会采用“替代国”可比商品的生产价格，抑或在美国或其他国家销售的价格。

三、美国采用“替代国”价格做法使中国涉案企业处于不利地位

采用“替代国”价格做法确定产品正常价值存在一定的不合理因素（见图2-2至图2-4）。美国在对华反倾销案件调查中认定产品正常价值时，是以美国贸易救济调查机关可获得的原材料的消耗量、转换率，以及“替代国”国内产业的管理、销售、库存成本，一般费用，后勤成本和利润来确定的。虽然中国和“替代国”的人均国民收入水平有相似之处，但是在反倾销涉案行业中，无论是在科技含量、工艺流程上，还是在资源要素禀赋、比较优势上，“替代国”和中国都有很大的差别。涉案产品在“替代国”的生产成本与在中国的生产成本不应是可比的，美国贸易救济调查机关否认

了中国在科技含量、渠道、工序分配成本、物流、工艺流程、客户服务上的优势，从而否认了中国在原材料消耗量、成本控制管理上的竞争优势（见图 2-5 和图 2-6）。

此外，从销售费用、企业从事经营业务发生的成本、管理费用、人工费用和财务费用方面看，按照国际购买力平价折算后，“替代国”与中国并不可比。例如，根据多边购买力平价比较时采用的以国际元为计量单位衡量的人均国内生产总值统计，2015 年和 2020 年智利分别为 2.255 万和 2.327 万国际元，马来西亚分别为 2.407 万国际元和 2.773 万国际元，罗马尼亚分别为 2.155 万和 3.057 万国际元，哥斯达黎加分别为 1.708 万和 2.03 万国际元，土耳其分别为 2.569 万和 3.045 万，保加利亚分别为 1.846 万和 2.374 万国际元，而中国则分别为 1.293 万和 1.711 万国际元，相差将近 1 倍，所以用这种方法确定的正常价值对中国涉案企业是很不利的，由此对中国产品征收高额反倾销税的可能性大为提高。

综上所述，对中国企业来说，除了按照美国贸易救济调查机关的要求提交完整准确的“答卷”外，还应该在“替代国”的选择方面积极努力，寻找对自己有利的“替代国”，并要求美国贸易救济调查机关按照“替代国”的价格或结构价格确定正常价值，争取获得对自身有利的裁决。

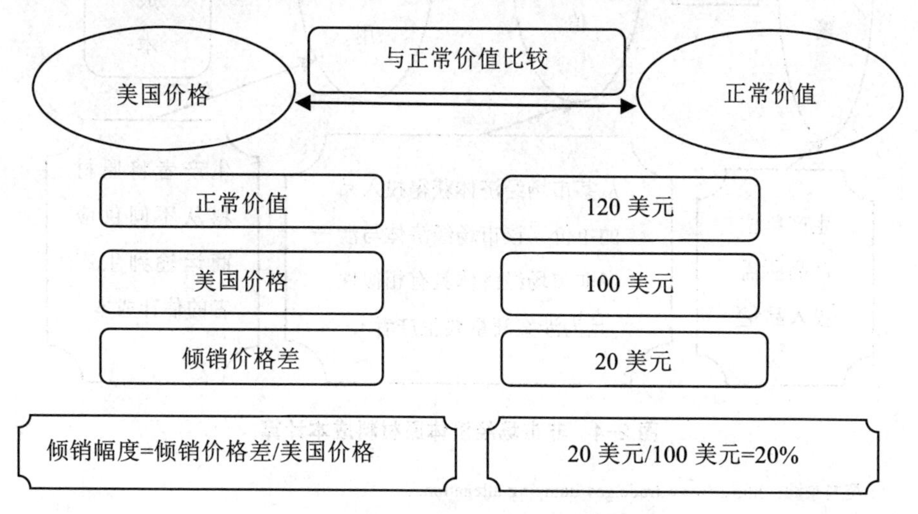

图 2-2　非市场经济体倾销幅度计算

资料来源：https://www.trade.gov/dumping-allegation.

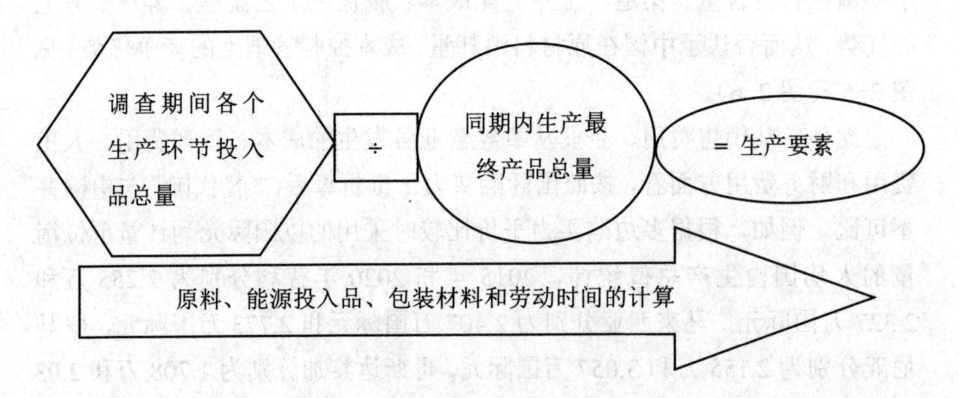

图 2-3　非市场经济体生产要素的计算

资料来源：https://www.trade.gov/dumping-allegation.

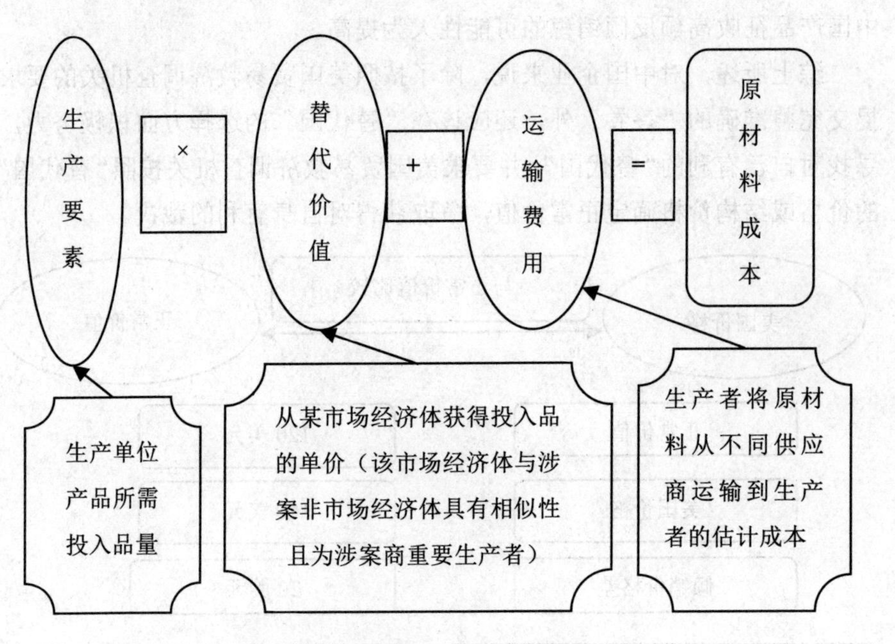

图 2-4　非市场经济体原材料成本计算

资料来源：https://www.trade.gov/dumping-allegation.

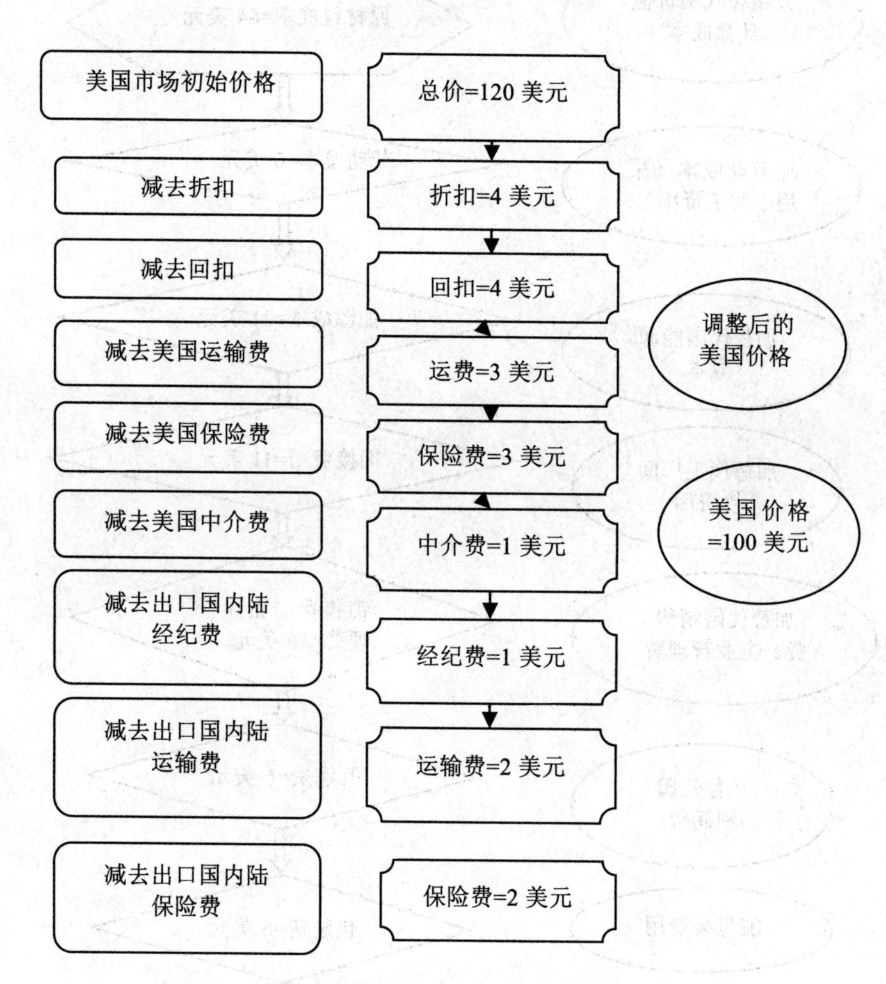

图 2-5 非市场经济国家出口商品在美国市场的价格计算

资料来源：https://www.trade.gov/dumping-allegation.

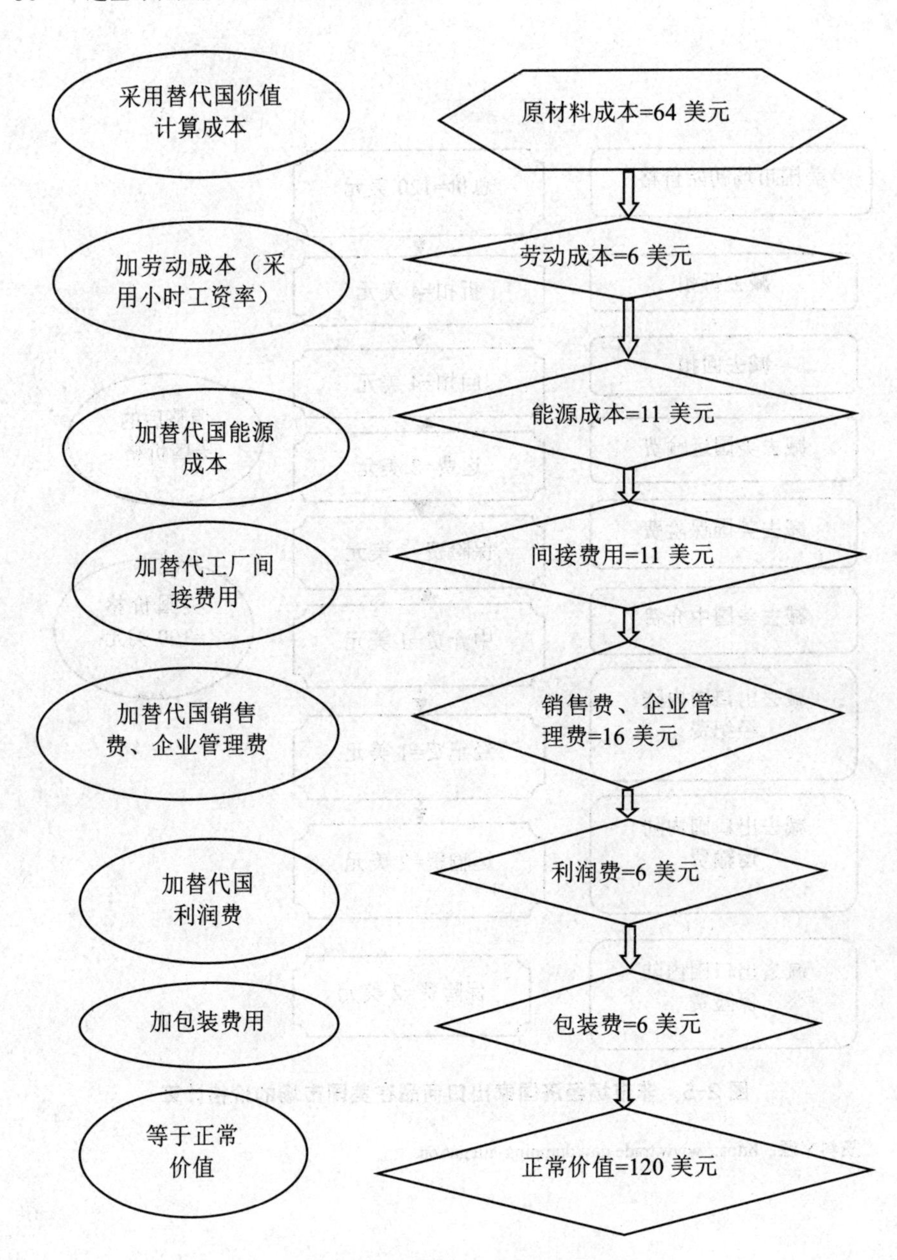

图 2-6 非市场经济体的正常价值计算

资料来源：https://www.trade.gov/dumping-allegation.

第三章　逆全球化风险下美国贸易救济调查对中美贸易和投资增长的影响

第一节　美国贸易救济调查对其生产消费及中美贸易差额的影响

一、美国贸易救济调查对其生产和消费的影响

根据国际经济学理论，贸易救济调查施加进口关税将产生两种效应：消费者和企业层面的微观经济效应，以及通过汇率波动形成的宏观经济效应。两种效应的综合会部分甚至全部抵消关税的影响，给利用关税纠正贸易失衡带来挑战，使其无法实现通过设置关税壁垒削减贸易赤字的政策目标。理论上，进口关税将推高进口商品价格，使其高于国内生产商品的价格。进口商品和国内生产商品之间的价格差异会促使需求向国内产品转移，以实现增加国内受保护部门生产和就业的政策目标。但是，这些微观经济效应的产生并不是必然的，还会受到一系列因素的制约，包括国内生产者、外国生产者和国内消费者的反应。①

（一）*产业和消费者层面的效应*

在贸易救济调查施加进口关税引致需求转移的情况下，如果国内生产者企图增加生产来满足这一部分市场需求，就需要投入额外的资本和劳动力。然而，国内生产者能否获取这些资源还会受到本国经济体系内资源是否得到充分利用的约束。

---

① 李世杰，程雪琳，高健．进口关税存在产业保护效应吗：基于 1998—2017 年中国工业行业面板数据的实证研究[J]．国际经贸探索，2022，38（02）：83-99．

在一国经济趋向于充分就业的情况下，若国内企业企图增加雇佣人员数量或获取额外资本，则需要提出更高的报价，以吸引劳动和资本从国内其他企业和生产活动中向本企业转移，最终结果将是提高全部企业的生产成本。这种资源约束会随着本国经济越来越接近充分就业而不断加剧。同时，由此产生的价格上升也会向其他生产者和消费者传导，致使企业和消费者的实际收入减少，最终降低国内商品和进口商品的总消费水平。此外，国内价格上升也会消除进口关税给国内企业带来的价格优势，使其不再具有相对于外国企业的竞争优势，其结果是受保护部门的工人和企业都会遭遇损失。例如，美国利用关税和配额对钢铁部门实施保护的案例就已经表明了这种情况，同时，美国钢铁部门产量下降的状况也并未得到扭转。[①]此外，从美国对铝产业的保护案例看，如果国内企业能够发现进口商品的替代品，如用玻璃和塑料替代铝产品，能够在一定程度上规避价格上升风险。然而，需要注意的是，从长期看，如果企业企图扩大替代品的生产，那么就需要从其他经济活动中吸引更多的资源，随着越来越多的资源向替代品生产部门转移，价格水平也会上升。[②]

外国企业的行为也会对进口关税的政策目标产生影响。通常，国际经济学理论假设外国企业会将被施加的关税计入成本，从而提高产品销售价格。然而，实践中，外国企业可以选择削减利润幅度，以维护市场份额。在这种情况下，进口商品价格并没有提高，也就不会出现市场需求从高价进口品向受到贸易保护的国内企业转移的现象，其结果仍然是市场条件保持不变，与加征关税前相同。

进口关税会对消费者产生影响。进口关税导致的价格上升会在经济系统中传递，最终降低消费者福利。尽管其对单一消费者产生的影响可能比较小，但整体累积效应比较大。经济系统中加征关税导致的价格水平上升将降低消费者的实际收入，从而减少国内产品和进口产品的消费量。同时，随着关税壁垒对进口限制范围的扩大，消费者可以选择的商品种类也会

① Lincicome Scott, No, Mr. President, American Steel Protectionism Hasn't “Worked” in the Past, CATO Institute, February 13, 2018. https://www.cato.org/blog/no-mr-president.

② 刘帷韬，张震，林柳琳，等. 关税变动与异质性企业进口行为研究[J]. 技术经济与管理研究，2021（11）：62-66.

减少。[①]

（二）宏观经济效应

在浮动汇率和跨境资本流动的影响下，汇率波动对一国利用进口关税削减贸易赤字目标的实现起着关键作用。正如前文分析所表明的，相对于国内产品，进口关税可以提高进口产品价格，促使市场需求从进口商品向国内生产商品转移。若进口商品是以外汇定价，则伴随着市场需求的转移，外汇需求也会发生变化。对美国而言，这将意味着外汇兑美元将出现相对贬值，换言之，美元会相对升值。相应地，一方面美元升值将使进口商品价格下降，由此会对关税产生部分或潜在的全部抵消作用，另一方面也会提高美国出口商品的价格。其结果是美国进口的总规模将上升，出口规模会下降，贸易赤字规模也会随之扩大。此外，美国的贸易伙伴会由于美国加征关税而选择扩大对美国的直接投资，通过在美国生产并销售产品替代原来的对美国出口，由此会导致对美国投资的不断增加，流入美国的资本规模不断上升，相应地推动美元不断升值。[②]

二、关于贸易赤字问题需要强调的观点

（一）不能将贸易赤字等同于“损失”

从消费者视角来看，贸易赤字类似于借款购买商品。如果没有贸易赤字，或采取强制措施消除贸易赤字，那么在经济扩张期通货膨胀将加剧，来自海外的直接投资将下降，并且将破坏长期经济增长。[③]

如果认为贸易赤字并不是有害的，那么就可以发现，美国从海外举债主要用于支付政府财政赤字，而不是投资于可以促进经济增长的制造业和基础设施，美国外债的增速高于经济增速。回顾文献可知，一直有观点认为，利用汇率波动，尤其是本币贬值，将刺激出口。[④]

---

① 樊海潮，张丽娜，丁关祖，等．关税与税率变化对福利水平的影响：基于理论与量化分析的研究[J]．管理世界，2021，37（07）：5，15-17，61-75．

② 林文．美元贬值与美国贸易收支关系：基于2002—2008年季度面板数据的实证研究[J]．福建农林大学学报（哲学社会科学版），2014，17（03）：70-75．

③ 边卫红，蔡思影．美国“双赤字困境”探析：基于美国50年来双赤字发展情景分析[J]．国际贸易，2018（08）：46-52．

④ 朱民，缪延亮．从多边和双边的视角看中美贸易[J]．国际经济评论，2018（04）：24-34．

（二）美国并没有停止出口，关税不能必然减少贸易赤字

在美国，有观点认为，全球知名品牌的消费品都是海外生产的，美国出口竞争力在下降。然而，现实情况是美国是世界第二大出口国，2020年美国货物和服务出口总额达2.3万亿美元，仅次于中国（2.4万亿美元）。如果美国出口增加10%，同时进口减少10%，出口额将超过进口额，呈现贸易盈余状态。

关税及其他贸易壁垒与贸易赤字之间并无必然关联。例如，新加坡和瑞士在WTO成员中属于低贸易壁垒国家，但两国均保持贸易盈余。相反，巴西和印度设置了高贸易壁垒，两国却持续出现贸易赤字。①如果关税上升、进口下降，则一国贸易收支将暂时得到改善。但是，在外汇市场上，一国货币供给也将同时下降，下降规模与进口下降规模相等，于是会提高该国汇率。由此产生的结果是进口商品价格下降、出口商品价格上升，驱动贸易差额回归到最初状态。从实际案例看，当一国加征关税时，非目标产品的出口会下降、进口会上升，与非目标国的贸易差额会扩大，同时，由于生产率下降和价格上升，该国的贸易差额并不会改变。因此，一旦发生全球贸易争端，各国经济都会由于全球贸易下降、通货膨胀上升、生产率下降而受到损害。②

（三）贸易冲突并不是美国削减贸易赤字的唯一途径

世界贸易组织成员均实施国际法允许的各类措施，对贸易差额进行干预，例如，采用财政政策、外汇市场干预、对外国资本征税和管制等手段。以新加坡和挪威为例，两国均拥有巨额贸易顺差，但两国的调控手段主要是采取积极的外汇干预政策。

美国财政赤字是美国贸易赤字增长的主要原因之一，但也与海外资本大量流入美国金融市场有关。美国的货币政策，以及对外汇市场的干预、外国资本流入的税收政策，已逐步演变成为美国削减贸易赤字的主要

---

① PIIE (2018). The Debate of Trade Deficits is Littered with Misconceptions. https://www.piie.com/commentary/op-eds/debate-trade-deficits-littered-misconceptions.

② 于春海. 贸易赤字、债务可持续性与美国的贸易政策行为[J]. 政治经济学评论，2019，10(04)：108-128.

手段。①

三、美国贸易救济调查与生产消费的协整关系检验

（一）定义各变量

Y：美国消费品生产者价格指数，数据来源于《国际统计年鉴 2020》。

X_1 和 X_2：分别代表美国发起的反倾销、反补贴调查案件数量，数据来源于世界贸易组织官网数据库。

选取 2010—2019 年各变量所对应的历史数据，并通过取对数的方式消除时间序列的异方差性，即对 Y 、X_1 和 X_2 取自然对数，从而形成新的时间序列 LNY 、LNX_1 和 LNX_2。

（二）单位根检验

为了避免出现伪回归问题，对时间序列进行数据序列的平稳性检验，序列的单位根检验可以根据 ADF 检验得到。表 3-1 显示了 ADF 单位根检验的结果，所有数据均为一阶差分平稳。

表 3-1　各变量 ADF 单位根检验结果

变量	ADF 检验值	检验形式（C，T，L）	1%临界值	5%临界值	10%临界值
LNY	1.337 07	（0，0，1）	−2.847 25	−1.988 198	−1.600 14
ΔLNY	−2.903 087*	（0，0，1）	−2.886 101	−1.995 865	−1.599 088
LNX_1	−0.397 025	（C，T，1）	−5.835 186	−4.246 503	−3.590 496
ΔLNX_1	−14.216 50*	（C，T，1）	−5.835 186	−4.246 503	−3.590 496
LNX_2	−0.542 288	（C，T，1）	−5.835 186	−4.246 503	−3.590 496
ΔLNX_2	−7.005 625*	（C，T，1）	−5.835 186	−4.246 503	−3.590 496

注：变量前加“△”表示对变量做一阶差分；（C，T，L）中的“C”表示检验时含常数项，“T”表示含趋势项（T=0 表示不含趋势项），“L”表示滞后阶数；“*”“**”“***”表示所在行变量分别在 1%、5%、10%的显著性水平上拒绝单位根假设。

① PIIE (2018). The Debate of Trade Deficits is Littered with Misconceptions[EB/OL]. [2022-06-26]. https://www.piie.com/commentary/op-eds/debate-trade-deficits-littered-misconceptions.

（三）协整检验

$$LNY = 4.597\,433 + 0.031\,825LNX_1 \quad (3\text{-}1)$$

$$112.327\,2 \qquad (2.508\,94)$$

Adjusted R-squared=0.370 4　　DW=1.452 997

$$LNY = 4.590\,295 + 0.411\,83LNX_2 \quad (3\text{-}2)$$

$$118.306\,2 \qquad (2.836\,050)$$

Adjusted R-squared=0.439 014　　DW=1.316 542

然后，对回归方程的残差进行单位根检验，结果见表3-2。从残差的检验结果中我们可以看出，残差序列在显著性水平 $\alpha = 0.05$ 下，不存在单位根，即序列平稳。

表3-2　残差的ADF检验

协整模型	ADF检验值	检验形式（C，T，L）	1%临界值	5%临界值	10%临界值
$LNY - LNX_1$	-2.260 216**	（0，0，1）	-2.847 250	-1.988 198	-1.600 14
$LNY - LNX_2$	-2.139 030**	（0，0，1）	-2.847 250	-1.988 198	-1.600 14

注：“**”表示所在行变量在5%的显著性水平上拒绝单位根假设。

（四）实证结果及启示

对美国消费品的生产者价格指数、美国贸易救济调查的相互作用关系与动态联动效应进行实证检验，可以发现：①美国发起贸易救济调查与美国消费品的生产者价格指数之间存在高度关联性和长期均衡的协整关系，其中美国反倾销、反补贴调查与美国消费品的生产者价格指数之间具有明显的联动效应；②美国反倾销、反补贴调查对美国消费品的生产者价格指数具有正向推高作用；③现阶段，美国贸易救济调查与美国消费品的生产者价格指数之间表现出比较高的联动性特征，并且反倾销、反补贴调查对消费品的生产者价格指数均具有正向的影响力。

消费品工业涵盖化学纤维、皮革毛皮及其制品、纺织业、纺织服装、造纸和纸制品、家具、印刷和记录媒介复制业、食品、文教工美体育和娱乐用品、医药等共13个大类行业。从理论上看，第一部类为重工业；消费品是轻工业，属于第二部类；第三部类则主要为高新工业。生产者价格指数（PPI）增长，意味着生产企业须将上升的成本转嫁给消费者。消费者价格会进一步上涨，相对于芯片等高科技制造业，以及汽车等中高端制造业，消费品工业基本属于中低端制造业。由于企业最终要把其购买的物品和劳务的总费用转移给消费者，而且是以更高的消费价格的形式进行转移，依据生产者物价指数的变化预测消费物价指数的变化是合理的。

根据价格传导规律，整体市场价格水平的变化通常发生在生产领域，然后通过供应链扩散到下游产业，最终影响消费者。如果是卖方市场，那么成本上涨最终会传导到消费品价格上；如果是买方市场，那么企业须通过减少利润的方式来消解成本上升，其结果将是中下游产品价格稳定，企业盈利降低，而对于不能消解成本上升的企业而言，甚至会出现破产。

生产者在生产过程中，所需投入品（原料、中间品、最终产品）的价格状况能够采用生产者价格指数衡量。从经济学理论看，生产过程中所面临的价格变化将体现在最终产品的价格上，观察、分析生产者价格指数的动态有利于判断市场价格的演变趋势。

四、逆全球化对美国贸易赤字的影响

（一）定义各变量

Y：美国贸易赤字在美国 GDP 中的占比，来源于美国经济分析局（BEA）。

X_1：美国的贸易全球化指数，数据来源于世界贸易组织数据库。

X_2：美国的金融全球化指数，数据来源于世界贸易组织数据库。

以上数据的时间范围为2003—2020年。为了消除异方差，各个时间序列都分别取自然对数LNY、LNX_1、LNX_2。

（二）单位根检验

为了避免出现伪回归问题，对取自然对数后的时间序列进行数据序列的平稳性检验，序列的单位根检验可以根据 ADF 检验得到。表 3-3 显示了 ADF 单位根检验的结果，所有数据均为一阶差分平稳。

表 3-3　各变量 ADF 单位根检验结果

变量	ADF 检验值	检验形式（C，T，L）	1%临界值	5%临界值	10%临界值
LNX_1	0.245 291	（0，0，0）	−2.708 094	−1.962 813	−1.606 129
ΔLNX_1	−4.603 214*	（0，0，0）	−2.717 511	−1.964 418	−1.605 603
LNX_2	−0.006 58	（0，0，1）	−2.708 094	−1.962 813	−1.606 129
ΔLNX_2	−4.240 368*	（0，0，0）	−2.717 511	−1.964 418	−1.605 603
LNY	0.283 871	（0，0，0）	−2.708 094	−1.962 813	−1.606 129
ΔLNY	−4.567 946*	（0，0，0）	−2.717 511	−1.964 418	−1.605 603

注：变量前加“△”表示对变量做一阶差分；（C，T，L）中的“C”表示检验时含常数项，“T”表示含趋势项（T=0 表示不含趋势项），“L”表示滞后阶数；“*”“**”“***”表示所在行变量分别在 1%、5%、10%的显著性水平上拒绝单位根假设。

（三）协整检验

由于变量均为同阶单整，在确定滞后阶数基础上可以进行 Johansen 协整检验，检验结果详见表 3-4。

表 3-4　LNY 与 LNX_1、LNX_2 之间的协整检验结果

特征值	迹统计量	P 值	最大特征根值统计量	P 值	结论
0.793 477	30.495 32*	0.007 3	25.237 51*	0.003 2	存在
0.279 005	0.279 005	0.531 9	5.233 963	0.445 0	协整关系
0.001 489	0.001 489	0.899 5	0.023 841	0.899 5	

注：“*”表示所在行变量在 1%的显著性水平上拒绝单位根假设。

根据表 3-4 显示的协整结果，我国出口商品价格指数与美国发起反倾销、反补贴调查具有长期的稳定均衡关系。其正规化后的协整方程如下：

$$LNY = -28.780\,46LNX_1 + 25.377\,66LNX_2 \qquad (3\text{-}3)$$

$$3.065\,62 \qquad (2.784\,11)$$

式（3-3）表明，一方面，美国贸易赤字在 GDP 中的占比与美国贸易全球化指数具有负向的长期协整关系，即美国贸易全球化指数上升对美国贸易赤字占 GDP 比例下降具有促进作用，美国贸易领域的逆全球化则将推动美国贸易赤字占 GDP 比例上升；另一方面，美国金融领域的逆全球化指数上升对美国贸易赤字占 GDP 比例上升具有抑制作用。

（四）格兰杰因果关系检验

协整检验结果证明了变量之间存在长期稳定的均衡关系，但两者之间的均衡关系是否构成因果关系，还需进一步检验。下面利用格兰杰（Granger）因果关系检验方法对相关的时间序列之间的因果关系进行了检验。从表 3-5 可以看出，在 5%显著性水平上，当滞后阶数为 1 时，美国贸易全球化指数是美国贸易赤字在 GDP 中占比下降的原因，也就是说，逆全球化是该占比上升的原因。

表 3-5　格兰杰因果关系检验结果

原假设	滞后阶数	F 统计量	P 值	结论
LNX_1 不是 LNY 的格兰杰原因	1	6.416 87	0.023 9	拒绝原假设**
LNY 不是 LNX_1 的格兰杰原因	1	1.839 89	0.196 4	接受原假设
LNX_2 不是 LNY 的格兰杰原因	1	0.008 41	0.928 2	接受原假设
LNY 不是 LNX_2 的格兰杰原因	1	0.078 67	0.783 2	接受原假设
LNX_3 不是 LNY 的格兰杰原因	1	0.002 16	0.963 6	接受原假设
LNY 不是 LNX_3 的格兰杰原因	1	0.225 37	0.642 3	接受原假设

注：“**”表示所在行变量在 1%的显著性水平上拒绝单位根假设。

五、美国对华贸易救济调查与美国对华贸易逆差之间关系的协整检验

（一）定义各变量

Y：美国对华贸易逆差，数据来源于联合国商品贸易统计数据库（UNComtrade），单位为亿美元，时间范围为 1990—2020 年。

X：对华贸易救济调查案件数量，包括美国对华反倾销调查、反补贴调查、保障措施和特殊保障措施案件的数量，单位为“个”，时间范围为 1990—2020 年，数据来源于中国贸易救济信息网。

（二）单位根检验

为了避免出现伪回归问题，对时间序列进行数据序列的平稳性检验，序列的单位根检验可以根据 ADF 检验得到。表 3-6 显示了 ADF 单位根检验的结果，所有数据均为一阶差分平稳。

表 3-6　各变量 ADF 单位根检验结果

变量	ADF 检验值	检验形式（*C*，*T*，*L*）	1%临界值	5%临界值	10%临界值
LN*Y*	1.368 618	（0，0，1）	−2.647 120	−1.952 910	−1.610 011
ΔLN*Y*	−2.012 327**	（0，0，1）	−2.650 145	−1.953 381	−1.609 798
LN*X*	0.039 510	（0，0，1）	−2.647 120	−1.952 910	−1.610 011
ΔLN*X*	−8.255 112*	（0，0，1）	−2.647 120	−1.952 910	−1.610 011

注：变量前加“△”表示对变量做一阶差分；（*C*，*T*，*L*）中的“*C*”表示检验时含常数项，“*T*”表示含趋势项（*T*=0 表示不含趋势项），“*L*”表示滞后阶数；“*”“**”“***”表示所在行变量分别在 1%、5%、10%的显著性水平上拒绝单位根假设。

（三）协整检验

本书采用 EG 两步法对变量进行协整检验。

首先，利用 OLS 估计法估计出来的回归模型为

$$LNY = 5.268\,395 + 0.914\,821 LNX_1 \quad (3\text{-}4)$$

$$17.820\,42 \qquad (7.030\,809)$$

Adjusted R-squared=0.617 504　　DW=1.205 009

然后，对回归方程的残差进行单位根检验，结果见表 3-7。从残差的检验结果我们可以看出，残差序列在显著性水平 α＝0.01 下，不存在单位根，即序列平稳。

表 3-7　残差的 ADF 检验

协整模型	ADF 检验值	检验形式（*C*，*T*，*L*）	1%临界值	5%临界值	10%临界值
LN*Y* − LN*X*	−3.966 550*	（0，0，1）	−2.644 302	−1.952 473	−1.610 211

注：“*”表示所在行变量在 1%的显著性水平上拒绝单位根假设。

（四）实证结果及启示

我们分析了美国贸易救济调查对美国消费者和企业层面的微观经济效应，以及通过汇率波动形成的宏观经济效应。从中可以发现，两种效应的综合会部分甚至全部抵消反倾销税、反补贴税、保障措施关税等贸易救济措施的影响，美国试图通过设置贸易壁垒来削减贸易赤字的政策目标是无法实现的。

使用 1990—2020 年联合国商品贸易统计数据库和中国贸易救济信息网数据库的数据，对美国对华贸易逆差与美国对华贸易救济调查案件数量之间的长期稳定均衡关系进行了协整检验，结果表明，美国对华贸易救济调查案件数量上升会导致美国对华贸易逆差上升。

推动美国取消对华贸易限制措施、消除贸易壁垒有利于美国，有利于中国，也有利于全球贸易发展。特别是在全球供应链受阻的形势下，美国取消对华贸易限制措施符合双方生产者、消费者的根本利益，有助于发挥各自优势和产业互补性，有利于保障全球供应链、产业链安全。

六、中国商品价格指数、对美国出口市场集中度与美国对华贸易救济调查之间的协整关系检验

（一）定义各变量

Y_1：中国工业生产者出厂价格指数（定基价格指数），数据来源于中国统计年鉴。

Y_2：中国出口商品价格指数，数据来源于中国统计年鉴。

Y_3：对美国出口市场集中度（对美国出口在中国总出口中的占比），根据中国统计年鉴数据计算得出。

X_1和X_2：分别代表美国对华反倾销、反补贴调查案件数，数据来源于中国贸易救济信息网和美国国际贸易委员会官网。

以上变量的时间范围均为 2006—2020 年。

（二）单位根检验

为了避免出现伪回归问题，对时间序列进行数据序列的平稳性检验，序列的单位根检验可以根据 ADF 检验得到。表 3-8 显示了 ADF 单位根检验的结果，所有数据均为一阶差分平稳。

表 3-8　各变量 ADF 单位根检验结果

变量	ADF 检验值	检验形式（*C*，*T*，*L*）	1%临界值	5%临界值	10%临界值
LNX_1	−0.117 373	（0，0，0）	−2.740 613	−1.968 430	−1.604 392
ΔLNX_1	−6.344 117*	（0，0，0）	−2.754 993	−1.970 978	−1.603 693
LNX_2	−0.410 251	（0，0，0）	−2.754 993	−1.970 978	−1.603 693
ΔLNX_2	−8.094 038*	（0，0，0）	−2.754 993	−1.970 978	−1.603 693
LNY_1	0.646 102	（0，0，0）	−2.740 613	−1.968 430	−1.604 392
ΔLNY_1	−3.341 642*	（0，0，0）	−2.754 993	−1.970 978	−1.603 693
LNY_2	−0.061 855	（0，0，0）	−2.740 613	−1.968 430	−1.604 392
ΔLNY_2	−5.417 628*	（0，0，1）	−2.771 926	−1.974 028	−1.602 922
LNY_3	0.746 309	（0，0，0）	−2.740 613	−1.968 430	−1.604 392
ΔLNY_3	−3.833 655*	（0，0，0）	−2.749 93	−1.970 978	−1.603 693

注：变量前加“△”表示对变量做一阶差分；（*C*，*T*，*L*）中的“*C*”表示检验时含常数项，“*T*”表示含趋势项（*T*=0 表示不含趋势项），“*L*”表示滞后阶数；“*”“**”“***”表示所在行变量分别在 1%、5%、10%的显著性水平上拒绝单位根假设。

（三）协整检验

由于变量均为同阶单整，在确定滞后阶数基础上可以进行 Johansen 协整检验。检验结果详见表 3-9 至表 3-11。

表 3-9　LNY_1 与 LNX_1、LNX_2、LNX_3 之间的协整检验结果

特征值	迹统计量	*P* 值	最大特征根值统计量	*P* 值	结论
0.925 703	43.834 23*	0.000 7	33.795 83*	0.000 5	存在协整关系
0.453 998	10.038 4	0.277 8	7.866 736	0.392 4	
0.153 843	2.171 66	0.140 6	2.171 66	0.140 6	

注：“*”表示所在行变量在 1%的显著性水平上拒绝单位根假设。

表 3-10　LNY_2 与 LNX_1、LNX_2、LNX_3 之间的协整检验结果

特征值	迹统计量	P 值	最大特征根值统计量	P 值	结论
0.872 500	36.948 7*	0.006 3	26.775 29*	0.007 2	存在
0.451 743	10.173 41	0.267 6	7.813 152	0.398 0	协整关系
0.166 030	2.360 257	0.124 5	2.360 257	0.124 5	

注："*"表示所在行变量在 1%的显著性水平上拒绝单位根假设。

表 3-11　LNY_3 与 LNX_1、LNX_2、LNX_3 之间的协整检验结果

特征值	迹统计量	P 值	最大特征根值统计量	P 值	结论
0.898 431	39.287 09*	0.003 0	29.731 21*	0.002 4	存在
0.454 393	9.555 881	0.316 4	7.876 141	0.391 4	协整关系
0.121 211	1.679 740	0.195 0	1.679 740	0.195 0	

注："*"表示所在行变量在 1%的显著性水平上拒绝单位根假设。

根据表 3-9 至表 3-11 显示的协整结果，美国对华反倾销、反补贴与中国工业生产者出厂价格指数（定基价格指数）、中国出口商品价格指数、对美国出口市场集中度具有长期的稳定均衡关系。其正规化后的协整方程分别如下：

$$LNY_1 = -0.256\,404 LNX_1 + 0.177\,123 LNX_2 \quad (3-5)$$
$$0.023\,5 \qquad 0.022\,09$$

$$LNY_2 = -0.125\,248 LNX_1 + 0.071\,197 LNX_2 \quad (3-6)$$
$$0.030\,46 \qquad (0.028\,45)$$

$$LNY_3 = 0.239\,592 LNX_1 - 0.135\,215 LNX_2 \quad (3-7)$$
$$0.024\,2 \qquad (0.023\,44)$$

（四）检验结果及启示

式（3-5）和式（3-6）表明，美国对华反倾销、反补贴调查与中国工业生产者出厂价格指数（定基价格指数）、中国出口商品价格指数分别具有负向、正向的长期协整关系，即美国对华反倾销调查增加具有抑制中国工

业生产者出厂价格指数（定基价格指数）和中国出口商品价格指数上升的作用，美国对华反补贴调查会刺激中国工业生产者出厂价格指数（定基价格指数）和中国出口商品价格指数上升。

式（3-7）表明，美国对华反倾销、反补贴调查与中国对美国出口市场集中度（对美国出口在中国总出口中的占比）分别具有正向、负向的长期协整关系，即美国对华反倾销调查增加具有使中国对美国出口市场集中度上升的作用，而美国对华反补贴调查则会起到使中国对美国出口市场集中度下降的作用。

第二节　美国贸易救济调查对中国出口价格和行业的影响

一、文献综述

王开、佟家栋（2020）指出，美方贸易壁垒会产生显著的“提前出口”预期效应和“抑制出口”持续效应，且仅对中国具有出口比较优势的行业有显著的影响；区分贸易壁垒类型，贸易救济措施未产生“提前出口”效应，但“抑制出口”效应明显。[①] 冯晓玲、赵鹏鹏（2021）发现，美国技术壁垒增多对中国对美机电产品出口的阻碍作用明显，美国国内需求增加会在短期内促进美国从中国进口机电产品。[②] 陈雯、庄嘉霖、曾荣（2022）指出，美国对华反倾销对中国出口产品质量具有显著的负面影响，美国对华反倾销可能通过抑制涉案企业的中间品进口规模增长与质量提升，促使出口产品质量下降。[③] 沈立、侯文涤（2017）的研究结果表明，在样本期内，美国对中国发起的反倾销调查会对中国企业对美出口的持续时间产生显著影响，反倾销的不同阶段均会导致中国企业对美出口持续时间缩短，

---

① 王开，佟家栋．贸易保护壁垒对出口产品的动态影响效应研究：来自中国对美国出口 HS-6 分位产品的证据[J]．南开经济研究，2020（02）：163-178．

② 冯晓玲，赵鹏鹏．中国对美国机电产品出口影响因素的实证分析[J]．长安大学学报（社会科学版），2021，23（02）：36-47．

③ 陈雯，庄嘉霖，曾荣．美国对华反倾销与我国出口产品质量：以中间品进口为视角[J]．厦门大学学报（哲学社会科学版），2020，72（03）：32-45．

其中初裁的影响最大。[①] 黄永明、潘安琪（2019）的研究结果表明，美国对华反倾销抑制了中国总出口增加值关联和区分中间品与最终品的增加值关联，对最终品出口的国外增加值产生的抑制效应大于对中间品出口的国外增加值产生的抑制效应。[②]

综上所述，现有研究成果提供了重要的参考。在借鉴先前学者的研究基础上，拟探讨美国贸易救济调查对中国出口商品价格的影响；另外，根据《按大类经济类别分类》（*Classification by Broad Economic Categories*，BEC），分别从中间品、消费品、资本货物（运输设备除外）及其零部件角度分析美国贸易救济调查对中国对美国出口的影响。

二、美国贸易救济调查对中国出口商品价格指数的影响

（一）定义各变量

Y：中国出口商品价格指数，数据来源于中国统计年鉴。

X_1：美国发起反倾销调查案件数，数据来源于世界贸易组织数据库。

X_2：美国发起反补贴调查案件数，数据来源于世界贸易组织数据库。

以上数据的时间范围为1995—2020年。同时，为了消除异方差，各个时间序列都分别取自然对数LNY、LNX_1、LNX_2。

（二）单位根检验

为了避免出现伪回归问题，对时间序列进行数据序列的平稳性检验，序列的单位根检验可以根据ADF检验得到。表3-12显示了ADF单位根检验的结果，所有数据均为一阶差分平稳。

表3-12　各变量ADF单位根检验结果

变量	ADF检验值	检验形式（C，T，L）	1%临界值	5%临界值	10%临界值
LNX_1	0.269 04	（0，0，1）	−2.664 853	−1.955 681	−1.608 793

① 沈立，侯文涤．反倾销壁垒对企业出口持续时间的影响：基于中国企业对美国出口数据的分析[J]．国际经贸探索，2017，33（05）：95-11．

②黄永明，潘安琪．贸易壁垒如何影响中国制造业全球价值链分工：以美国对华反倾销为例的经验研究[J]．国际经贸探索，2019，35（04）：4-26．

续表

变量	ADF 检验值	检验形式（C，T，L）	1%临界值	5%临界值	10%临界值
ΔLNX_1	-8.416 392*	（0，0，1）	-2.664 853	-1.955 681	-1.608 793
LNX_2	0.452 326	（0，0，1）	-2.664 853	-1.955 681	-1.608 793
ΔLNX_2	-8.334 055*	（0，0，0）	-2.664 853	-1.955 681	-1.608 793
LNY	-0.360 749	（0，0，0）	-2.660 72	-1.955 02	-1.609 07
ΔLNY	-6.154 637*	（0，0，0）	-2.669 359	-1.956 406	-1.608 495

注：变量前加“△”表示对变量做一阶差分；（C，T，L）中的“C”表示检验时含常数项，“T”表示含趋势项（T=0 表示不含趋势项），“L”表示滞后阶数；“*”“**”“***”表示所在行变量分别在 1%、5%、10%的显著性水平上拒绝单位根假设。

（三）协整检验

由于变量均为同阶单整，在确定滞后阶数基础上可以进行 Johansen 协整检验，检验结果详见表 3-13。

表 3-13　LNY 与 LNX_1、LNX_2 之间的协整检验结果

特征值	迹统计量	P 值	最大特征根值统计量	P 值	结论
0.881 925	52.773 97*	0.000 0	47.001 67*	0.000 0	存在协整关系
0.201 155	5.772 3	0.722 2	4.940 943	0.749 3	
0.037 084	0.831 358	0.361 9	0.831 358	0.361 9	

注：“*”“**”“***”表示所在行变量分别在 1%、5%、10%的显著性水平上拒绝单位根假设。

根据表 3-13 显示的协整结果，中国出口商品价格指数与美国发起反倾销、反补贴调查具有长期的稳定均衡关系，其正规化后的协整方程分别如下：

$$LNY = 0.000\,603LNX_1 + 0.027\,644LNX_2 \qquad (3\text{-}8)$$

$$0.006\,5 \qquad (0.005\,55)$$

式（3-8）表明，中国出口商品价格指数与美国反倾销、反补贴调查具有正向的长期协整关系，即美国发起反倾销、反补贴调查具有刺激中国出口商品价格指数的作用，美国贸易救济调查案件的上升促使中国出口商品价格指数提高。

（四）格兰杰因果关系检验

协整检验结果证明了变量之间存在长期稳定的均衡关系，但两者之间的均衡关系是否构成因果关系，还需进一步检验。下面利用格兰杰因果关系检验方法对相关时间序列之间的因果关系进行了检验。从表 3-14 可以看出，在 5%显著性水平上，当滞后阶数为 4 时，美国发起反倾销调查是中国出口商品价格指数上升的原因。

表 3-14　格兰杰因果关系检验结果

原假设	滞后阶数	F 统计量	P 值	结论
$\mathrm{LN}X_1$ 不是 $\mathrm{LN}Y$ 的格兰杰原因	4	3.360 65	0.042 6	拒绝原假设*
$\mathrm{LN}Y$ 不是 $\mathrm{LN}X_1$ 的格兰杰原因	4	0.859 86	0.513 7	接受原假设
$\mathrm{LN}X_2$ 不是 $\mathrm{LN}Y$ 的格兰杰原因	4	1.980 46	0.157 0	接受原假设
$\mathrm{LN}Y$ 不是 $\mathrm{LN}X_2$ 的格兰杰原因	4	1.574 89	0.239 3	接受原假设
$\mathrm{LN}X_3$ 不是 $\mathrm{LN}Y$ 的格兰杰原因	4	0.889 59	0.497 3	接受原假设
$\mathrm{LN}Y$ 不是 $\mathrm{LN}X_3$ 的格兰杰原因	4	1.565 82	0.241 6	接受原假设

注：“*”“**”“***”表示所在行变量分别在 1%、5%、10%的显著性水平上拒绝单位根假设。

三、美国对华贸易救济调查与中国对美国出口关系的协整检验

（一）样本数据来源

根据 1998—2020 年按“大类经济类别分类”（BEC）选取相关数据。BEC 是国际贸易商品统计的一种商品分类体系，由联合国统计局制订，联合国统计委员会审议通过，联合国秘书处颁布。BEC 是按照商品大类经济类别综合汇总国际贸易数据而制订的，是按照国际贸易商品的主要最终用途把“国际贸易标准分类”（SITC）的基本项目编号重新组合排列编制而成的。利用 BEC 分类，可以把按“国际贸易标准分类”编制的贸易数据转换为“国民经济核算体系”（SNA）框架下按最终用途划分的三个基本货物门类——资本品、中间产品和消费品。

（二）协整关系检验

1. 定义各变量

Y_1：美国从中国进口中间品。

Y_2：美国从中国进口消费品。

Y_3：美国从中国进口资本货物（运输设备除外）及其零部件。

X：美国对华贸易救济调查案件数量。

2. 单位根检验结果

为了避免出现伪回归问题，对时间序列进行数据序列的平稳性检验，序列的单位根检验可以根据 ADF 检验得到。表 3-15 显示了 ADF 单位根检验的结果，所有数据均为一阶差分平稳。

表 3-15　各变量的单位根检验结果

变量	ADF 检验值	检验形式（C，T，L）	1%临界值	5%临界值	10%临界值
LNY_1	1.312 017	（0，0，1）	−2.679 735	−1.958 088	−1.607 830
ΔLNY_1	−2.538 094	（0，0，1）	−2.679 735	−1.958 088	−1.607 830
LNY_2	2.264 803	（0，0，1）	−2.674 290	−1.957 204	−1.608 175
ΔLNY_2	−1.660 174	（0，0，1）	−2.674 290	−1.957 204	−1.607 456
LNY_3	1.111 107	（0，0，1）	−2797356	−1.958 088	−1.607 830
ΔLNY_3	−2.284 777	（0，0，1）	−2.679 735	−1.958 088	−1.607 830
LNX	0.212 165	（0，0，1）	−2.679 735	−1.958 088	−1.607 830
ΔLNX	−7.831 176	（0，0，1）	−2.679 735	−1.958 088	−1.607 830

注：变量前加“△”表示对变量做一阶差分；（C，T，L）中的“C”表示检验时含常数项，“T”表示含趋势项（T=0 表示不含趋势项），“L”表示滞后阶数；“*”“**”“***”表示所在行变量分别在 1%、5%、10%的显著性水平上拒绝单位根假设。

3. 协整检验

本书采用 EG 两步法对变量进行协整检验。

首先，利用 OLS 估计法估计出来的回归模型如下：

$$LNY_1 = 5.785\,585\,194\,01 + 0.640\,450\,771\,215 LNX \qquad (3\text{-}9)$$

$$2.549\,99 \qquad (8.986\,075)$$

Adjusted R-squared=0.200 071　DW=0.457 540

$$LNY_2 = 6.275\,498 + 0.302\,844LNX \quad (3\text{-}10)$$

（2.221 33）（17.956 12）

Adjusted R-squared=0.151 703　DW=0.387 875

$$LNY_3 = 5.282\,462 + 0.676\,124LNX \quad (3\text{-}11)$$

（7.811 987）（2.563 192）

Adjusted R-squared=0.202 030　DW=0.447 615

然后，对回归方程的残差进行单位根检验，结果见表 3-16。从残差的检验结果中我们可以看出，残差序列在显著性水平 $\alpha=0.10$ 下，不存在单位根，即序列平稳。由此可以认为，美国从中国进口中间品、消费品、资本货物（运输设备除外）及其零部件与美国对华贸易救济调查案件数量之间存在一种长期稳定的均衡关系。

表 3-16　残差的 ADF 检验

协整模型	ADF 检验值	检验形式（C，T，L）	1%临界值	5%临界值	10%临界值
$LNY_1 - LNX$	-1.735 826***	（0，0，1）	-2.674 290	-1.957 204	-1.608 175
$LNY_2 - LNX$	-1.684 269***	（0，0，1）	-2.674 290	-1.957 204	-1.608 175
$LNY_3 - LNX$	-1.732 95***	（0，0，1）	-2.674 290	-1.957 204	-1.608 175

注："*""**""***"表示所在行变量分别在 1%、5%、10%的显著性水平上拒绝单位根假设。

式（3-9）至式（3-11）中，LNX 的系数分别为 0.640 450 771 215、0.302 844、0.676 124；各个变量的 t 值说明美国对华贸易救济调查对美国从中国进口中间品、消费品、资本货物（运输设备除外）及其零部件有显著影响。

（三）基本结论及启示

协整检验结果表明，美国对华贸易救济调查对美国从中国进口中间品、消费品、资本货物（运输设备除外）及其零部件的影响显著，美国对华贸易救济调查案件数量每增加 1%，美国从中国进口这三类商品的金额就分别增加 64.045 077 121 5%、30.284 4%、6.761 24%；美国对华贸易救济调查对美国从中国进口中间品、消费品、资本货物（运输设备除外）具有明显的正效应。

基于以上研究，可以得到如下启示：首先，从中间品贸易角度看，中国应对美国贸易救济调查的成果明显，因此应在全球价值链重构背景下继续促进中间品出口，增强出口贸易活动应对美国贸易壁垒的弹性和稳健性。其次，为应对美国贸易救济调查，应促进产业结构升级以完善出口结构，提高产品内分工地位。最后，加快发展和完善多层次出口商品体系，增强包括中间品、资本品和消费品在内的产业链供应链政策实施。

第三节　美国贸易救济调查对中美投资增长的影响

一、利用对外直接投资跨越贸易壁垒

中国对外直接投资具有显著的跨越东道国反倾销壁垒的动机，中国跨越反倾销贸易壁垒的对外直接投资行为在承认和不承认中国“市场经济地位”的国家之间存在异质性（张相伟、龙晓宁，2018）。[①] 对于贸易壁垒越高的国家，企业对外直接投资的产品多元化提升效应越强，体现了对外直接投资缩减企业贸易成本，进而促进出口产品多元化的经济机制（杨汝岱、吴群峰，2019）。[②]非关税贸易壁垒对企业对外直接投资的扩展边际有显著的诱发效应。非关税贸易壁垒中，反倾销对企业对外直接投资的扩展边际有显著的诱发效应；反补贴和保障措施对企业对外直接投资的二元边际无显著影响（高健康、朱沛琪、阮承昊，2020）。[③]东道国（地区）对华采取反倾销措施整体上会促进中国制造业对其投资，营商环境较好的东道国（地区）的反倾销措施更容易促进中国企业对其投资（余振、陈鸣，2019）。[④]

---

① 张相伟，龙晓宁. 中国对外直接投资具有跨越贸易壁垒的动机吗？[J]. 国际贸易问题，2018(01)：135-144.

② 杨汝岱，吴群峰. 企业对外投资与出口多元化[J]. 经济学动态，2019（07）：50-64.

③ 高健康，朱沛琪，阮承昊. 贸易壁垒影响中国企业对外直接投资了吗：基于二元边际的实证分析[J]. 财经问题研究，2020（10）：108-117.

④余振，陈鸣. 贸易摩擦对中国对外直接投资的影响：基于境外对外对华反倾销的实证研究[J]. 世界经济研究，2019（12）：108-120，133.

中国对美直接投资的行业分布呈现多元化特征，投资行业领域与遭受美国反倾销措施的出口部门呈现一定的重叠性。美国对华实施反倾销贸易壁垒对中国对美直接投资具有较强的推动作用，中国对美直接投资具有较强的贸易壁垒跨越动机。①

中国对外直接投资以市场导向型为主，特别表现为追随开放程度较高的国家或地区。② 除了资源导向的战略意义和援助项目的政治意义以外，中国对外投资表现出显著的“诱发”特征，③ 即一种“壁垒跨越”刺激下的企业投资行为。④ 以反倾销、关税为代表的贸易壁垒是刺激中国企业对外直接投资的重要因素。⑤ 就中国对美国直接投资而言，与中美贸易总额、中国人均国民收入等因素高度相关，与美元对人民币汇率、美国人均国民收入等因素显著相关。⑥

东道国市场开放通过资本和劳动等生产要素投入渠道推动国际直接投资和跨国生产发展。从中国对外直接投资的东道国决定因素来看，资本、经济发展水平、劳动力、技术水平以及国际贸易等因素都会对中国对外直接投资规模产生影响。从国家层面上，在宏观经济形势方面，汇率、东道国需求结构和贸易开放度对中国企业区位选择有不同程度的影响。⑦

二、中国对美国直接投资概况

根据中国对外直接投资统计公报和中国统计年鉴的数据显示，2018 年中国对美国直接投资 74.8 亿美元，同比下降 34.2%，占当年中国对外直接投资总额的 6.1%。2018 年末，中国对外直接投资存量前 20 位的经济体投

---

① 史本叶，李秭慧．中国对美直接投资：跨越贸易壁垒的视角[J]．东北师大学报（哲学社会科学版），2017（01）：54-62.

② 陈恩，王芳芳．中国对外直接投资影响因素的实证分析：基于 2007—2009 年国际面板数据的考查[J]．商业经济与管理，2011（08）：43-50.

③ 余振，陈鸣．贸易摩擦对中国对外直接投资的影响：基于境外对外反倾销的实证研究[J]．世界经济研究，2019（12）：108-120，133.

④ 高健，朱沛祺，阮承昊．贸易壁垒影响中国企业对外直接投资了吗：基于二元边际的实证分析[J]．财经问题研究，2020（10）：108-117.

⑤ 杜凯，周勤．中国对外直接投资：贸易壁垒诱发的跨越行为[J]．南开经济研究，2010（02）：44-63.

⑥ 张宁．中国对美国直接投资要考量哪些因素[J]．人民论坛，2016（32）：68-69.

⑦ 刘琬，肖德．中国企业对外直接投资区位选择影响因素研究综述[J]．湖北文理学院学报，2018（05）：32-37.

资存量合计达到18 168.6亿美元，占中国对外直接投资存量的91.7%，其中，中国在美国直接投资存量为755.1亿美元，占比3.8%。

2019年，中国对美国直接投资38.1亿美元，同比下降49.1%，占中国对外直接投资总额的2.8%。2019年末，中国对外直接投资存量前20位的经济体投资存量合计达到20 308.7亿美元，占中国对外直接投资存量的92.4%，其中，中国在美国直接投资存量为778亿美元，占比3.5%。

2020年，中国对美国直接投资60.2亿美元，同比增长58%，占中国对外直接投资总额的3.9%。2020年末，中国对外直接投资存量前20位的经济体投资存量合计达到24 105.1亿美元，占中国对外直接投资存量的93.4%，其中，中国在美国直接投资存量为800.5亿美元，占比3.1%。

三、美国发起贸易救济调查与中国对美国直接投资关系的检验

从固定资产、劳动力投入与产出之间的关系看，研究生产要素投入的边际产出，有利于分析中国制造业对外直接投资的动因，以及不同人均资本对投资类型的影响。[①]因此，本部分从柯布-道格拉斯生产函数模型出发，[②]将美国贸易救济调查作为一个投入要素加入模型中，分析美国贸易救济调查与中国对美国直接投资之间的关系。

（一）定义各变量

Y：中国对美国直接投资流量，单位为亿美元，数据来源于各年度中国对外投资直接统计公报。

X_1：美国贸易救济调查案件数量，数据来源于世界贸易组织数据库和美国国际贸易委员会。

X_2：美国固定资产和耐用品投资，数据来源于美国经济分析局数据库。

X_3：美国制造业出口带动的就业数量，数据来源于美国经济分析局数据库。

以上数据的时间范围均为2003—2020年。

---

① 张兵．中国制造业对外投资类型影响因素分析[J]．国际经济合作，2013（01）：37-40．

② 方芳，许正松．柯布-道格拉斯生产函数建模分析货币供给对经济增长的影响[J]．南宁师范大学学报（自然科学版），2020（02）：58-63．

（二）单位根检验

为了避免出现伪回归问题，对时间序列进行数据序列的平稳性检验，序列的单位根检验可以根据 ADF 检验得到。表 3-17 显示了 ADF 单位根检验的结果，所有数据均为一阶差分平稳。

表 3-17　各变量 ADF 单位根检验结果

变量	ADF 检验值	检验形式（C，T，L）	1%临界值	5%临界值	10%临界值
LNX_1	−0.211 744	（0，0，0）	−2.717 511	−1.964 418	−1.605 603
ΔLNX_1	−7.410 478**	（0，0，0）	−2.717 511	−1.964 418	−1.605 603
LNX_2	−0.310 022	（0，0，0）	−2.708 094	−1.962 813	−1.606 129
ΔLNX_2	−2.778 717*	（0，0，1）	−2.717 511	−1.964 418	−1.605 603
LNX_3	1.653 715	（0，0，1）	−2.717 511	−1.964 418	−1.605 603
ΔLNX_3	−1.792 113***	（0，0，1）	−2.717 511	−1.964 418	−1.605 603
LNY	0.741 593	（0，0，1）	−2.708 094	−1.962 813	−1.606 129
ΔLNY	−1.871 429**	（0，0，1）	−2.728 252	−1.966 270	−1.605 026

注：变量前加“△”表示对变量做一阶差分；（C，T，L）中的“C”表示检验时含常数项，“T”表示含趋势项（T=0 表示不含趋势项），“L”表示滞后阶数；“*”“**”“***”表示所在行变量分别在 1%、5%、10%的显著性水平上拒绝单位根假设。

（三）协整检验

由于变量均为同阶单整，在确定滞后阶数的基础上可以进行 Johansen 协整检验。检验结果详见表 3-18。

表 3-18　LNY 与 LNX_1、LNX_2、LNX_3 之间的协整检验结果

特征值	迹统计量	P 值	最大特征根值统计量	P 值	结论
0.919 156	59.109 55*	0.000 2	40.203 67*	0.000 2	
0.467 417	18.865 87	0.206 7	10.080 28	0.476 8	存在
0.299 187	8.785 598	0.182 0	5.688 225	0.386 5	协整关系
0.176 001	3.097 372	0.092 8	3.097 372	0.092 8	

注：“*”表示所在行变量分别在 5%的显著性水平上拒绝单位根假设。

根据表 3-18 显示的协整结果，中国对美国直接投资流量、美国贸易救济调查案件数量、美国制造业出口带动就业量、美国固定资产和耐用品投资之间具有长期的稳定均衡关系。其正规化后的协整方程如下：

$$\mathrm{LN}Y_1 = 3.642\,478\mathrm{LN}X_1 - 21.213\,44\mathrm{LN}X_2 + 50.353\,16\mathrm{LN}X_3 \quad (3\text{-}12)$$

$$1.751\,221 \qquad (1.76) \qquad (4.456\,49)$$

式（3-12）表明，中国对美国直接投资流量与美国发起贸易救济调查案件数量、美国固定资产和耐用品投资之间具有正向的协整关系；与美国制造业出口带动就业量则具有长期负向的协整关系。即美国发起贸易救济调查案件、美国扩大固定资产和耐用品投资具有刺激中国企业对美国直接投资的作用，美国制造业出口行业就业扩大将导致劳动力成本上升、抑制中国对美直接投资流量增加。

四、美国对华反补贴调查与中国对美国直接投资的协整检验

（一）定义各变量

Y_1：中国对美国直接投资流量，单位是亿美元。

Y_2：中国对美国直接投资存量，单位是亿美元。

X：美国对华反补贴调查案件数量，单位是个。

以上数据分别来源于中国对外直接投资统计公报、美国国际贸易委员会、中国贸易救济信息网官网，样本数据的时间范围为 2006—2020 年。

（二）单位根检验

在建立协整模型之前，先要检验 3 个变量的平稳性，采用 ADF 法进行单位根检验，根据 SIC 准则选择滞后阶数，检验结果如表 3-19 所示。

ADF 检验结果表明，这 3 个变量都是非平稳的，但它们的一阶差分序列在 1%的显著性水平上都是平稳的。

表 3-19　各变量 ADF 单位根检验结果

变量	ADF 检验值	检验形式（C，T，L）	1%临界值	5%临界值	10%临界值
$\mathrm{LN}Y_1$	0.098 151	（0，0，1）	-4.886 426	-3.828 975	-3.362 984
$\Delta\mathrm{LN}Y_1$	$-7.263\,395^{*}$	（0，0，1）	-4.886 426	-3.828 975	-3.362 984
$\mathrm{LN}Y_2$	0.447 879	（0，0，4）	-4.886 426	-3.828 975	-3.362 984

续表

变量	ADF 检验值	检验形式（C，T，L）	1%临界值	5%临界值	10%临界值
ΔLNY_2	−7.295 358*	（0，0，4）	−5.521 860	−4.107 833	−3.515 047
LNX	0.410 251	（0，0，1）	−2.740 613	−1.968 430	−1.604 392
ΔLNX	−8.094 038*	（0，0，1）	−2.754 993	−1.970 978	−1.603 693

注：变量前加“△”表示对变量做一阶差分；（C，T，L）中的“C”表示检验时含常数项，“T”表示含趋势项（T=0 表示不含趋势项），“L”表示滞后阶数；“*”“**”“***”表示所在行变量分别在 1%、5%、10%的显著性水平上拒绝单位根假设。

（三）协整检验

本书采用 EG 两步法对变量进行协整检验。

首先，利用 OLS 估计法估计出来的回归模型如下：

$$LNY_1 = 1.243\,437\,831\,14 + 1.124\,194\,190\,62LNX \quad (3\text{-}13)$$

$$1.343\,561 \qquad (2.247\,996)$$

Adj. R-squared=0.224 526　　　DW=0.654 838

$$LNY_2 = 2.646\,006 + 1.387\,28LNX \quad (3\text{-}14)$$

$$2.703\,69 \qquad (2.786\,525)$$

Adj. R-squared=0.310 682　　　DW=0.674 669

然后，对回归方程的残差进行单位根检验，结果见表 3-20。从残差的检验结果中我们可以看出，残差序列在显著性水平 α =0.05 下，不存在单位根，即序列平稳。

表 3-20　残差的 ADF 检验

协整模型	ADF 检验值	检验形式（C，T，L）	1%临界值	5%临界值	10%临界值
$LNY_1 - LNX$	−1.639 766**	（0，0，1）	−2.740 613	−1.968 430	−1.604 392
$LNY_2 - LNX$	2.613 665**	（0，0，2）	−2.613 665	−2.771 926	−1.602 922

注：“**”表示所在行变量分别在 5%的显著性水平上拒绝单位根假设。

（四）实证结果

式(3-13)和式(3-14)中，LNX 的系数分别为 1.124 194 190 62、1.387 280；各个变量的 t 值说明变量对中国对美国直接投资流量、存量有显著影响。由此可以认为，中国对美国直接投资流量、中国对美国直接投资存量与美国对华反补贴调查案件数量之间存在一种长期的均衡关系。也就是说，中国对美国直接投资流量、存量的增长与美国对华反补贴调查案件数量增长存在显著的相关性。式(3-13)和式(3-14)中，LN*X* 系数分别为 1.124 194 190 62、1.387 280，表明美国对华反补贴调查案件数量每增加 1%，中国对美国直接投资流量、存量的金额就分别增加 1.124 194 190 62%和 1.387 280%。美国对华反补贴调查对中国对美国直接投资具有明显的正效应。

五、启示

基于以上研究，可以得到如下启示：出口企业会经历一个渐进的国际化过程，如果面临的贸易壁垒致使贸易成本上升并超过其承担能力时，企业会选择停止出口；当在东道国进行直接投资能够获得高利润率时，企业会选择在境外直接投资。例如，企业通过水平型对外直接投资，在当地市场建立分支机构，替代出口，这也可以被称为“分销导向型对外直接投资”，即在东道国投资建立分销中心/销售网点。当然，企业的决策主要取决于成本-收益的比较，即假设在相同利润率的条件下，比较贸易壁垒带来的成本提高与建立海外分支机构的境外投资成本，如果对外直接投资的成本相对较低，那么出口企业应从对外直接投资渠道搭建出口平台，以促进东道国销售市场份额的扩大。

第四节　美国贸易救济调查对中国省域出口和境外直接投资的影响——以广东、浙江和江苏为例

一、广东、浙江、江苏出口和境外直接投资情况

（一）出口情况

根据中国商务年鉴统计数据，2020 年中国连续 12 年保持全球第一大机电产品出口国地位，全球机电产品出口额达 15 411.1 亿美元，同比增长 5.7%，占中国货物出口总额的比重为 59.5%，增幅高出同期全商品 2.1 个百分点，机电进出口连续 19 年保持顺差。广东、江苏、浙江为中国机电产品

出口主要省份，分别以27.9%、17.2%和10.6%的比重位列全国各省市机电产品出口前三名。

2020年，中国纺织品服装出口额为2962.3亿美元，同比增长9.1%，占全国货物出口的11.4%；进口额为236.5亿美元，同比下降4.1%；贸易顺差2725.8亿美元，占全国货物贸易顺差的51%，同比增长10.4%，拉动全国货物贸易整体出口增长1个百分点。2020年，纺织品服装出口额排名前三位的省份依次为浙江、广东、江苏，其中广东省超过江苏省再次成为出口第二大省，三省出口合计占全国纺织品服装总出口的60%。

（二）对美国出口情况

根据中国商务年鉴公布的数据，2018年、2019年、2020年，中国对美国商品出口额分别为4 783.958 13亿美元、4 186.640 79亿美元、4 517.290 26亿美元。三年间，广东、浙江和江苏三省对美国出口的合计金额占中国对美国出口总额的比重分别为55.98%、56.63%、55.50%。

从出口商品市场看，2018年浙江省对美国出口增长12.2%，高于全省平均增幅3.2个百分点，占全省出口的比重为19.6%，出口额为626.9亿美元。2019年，浙江省对美国出口额为572.2亿美元，下降4.8%，占全省出口总额比重为17.1%。2020年，浙江省对美国出口额为676.95亿美元（4669.3亿元），增长18.3%，规模创历史新高，占比升至18.5%，较2019年提高1.4个百分点。

2018年江苏省对美国出口额为929.914 3亿美元（6143.4亿元），比上年增长6.0%。2019年为788.606 4亿美元（5434.1亿元），同比下降11.5%。2020年为764.847 4亿美元。

2018年，美国为广东省第二大出口市场，出口额为1121.4亿美元，占全省出口总额的17.3%。2019年和2020年，广东省对美国出口额分别为1010.3亿美元、1065.3亿美元，占全省出口总额的比重分别为16.1%和17.0%。

（三）境外直接投资情况

根据中国对外直接投资统计公报公布的数据，2018年、2019年、2020年，中国对外直接投资流量分别为1430.4亿美元、1369.1亿美元和1537.1亿美元，存量分别为19 822.7亿美元、21 988.8亿美元和25 806.6亿美元。

三年间，广东省、浙江省和江苏省三省的中国对外直接投资流量占比分别为24.1%、22.5%、26.3%。

2018年、2019年、2020年，广东省对美国直接投资额分别为3.438 2亿美元、2.648亿美元和1.521 3亿美元；江苏省对美国协议投资金额分别为12.806 9亿美元、5.944 9亿美元和6.176 1亿美元。2020年，浙江省对美国直接投资备案额为16.99亿美元，如剔除万向集团惯性因素在美大项目增资，浙江省企业在美投资并购额为7.41亿美元，同比下降1.2%。2021年，浙江省对美国直接投资备案额为9.09亿美元，同比下降46.50%。

二、实证分析

（一）定义各变量

Y_1：广东省对美国出口额，单位：亿美元。

Y_2：江苏省对美国出口额，单位：亿美元。

Y_3：浙江省对美国出口额，单位：亿美元。

Y_4：广东省对外直接投资存量，单位：亿美元。

Y_5：浙江省对外直接投资存量，单位：亿美元。

Y_6：江苏省对外直接投资存量，单位：亿美元。

X：美国对华反补贴调查案件数量，单位：个。

样本数据来源于2007—2021年的广东统计年鉴、浙江统计年鉴、江苏统计年鉴、中国海关统计年鉴、中国贸易救济信息网。

（二）单位根检验

在建立协整模型之前，先要检验7个变量的平稳性，采用ADF法进行单位根检验，根据SIC准则选择滞后阶数，检验结果如表3-21所示。

ADF检验结果表明，这7个变量都是非平稳的，但它们的一阶差分序列都是平稳的。

表3-21　各变量ADF单位根检验结果

变量	ADF检验值	检验形式（C，T，L）	1%临界值	5%临界值	10%临界值
LNY_1	1.409 422	（0，0，1）	−2.740 613	−1.968 430	−1.604 392

续表

变量	ADF 检验值	检验形式（C，T，L）	1%临界值	5%临界值	10%临界值
ΔLNY_1	−4.529 062*	（0，0，1）	−2.754 993	−1.970 978	−1.603 693
LNY_2	1.665 539	（0，0，1）	−2.740 613	−1.968 430	−1.604 392
ΔLNY_2	−3.624 395*	（0，0，1）	−2.754 993	−1.970 978	−1.603 693
LNY_3	2.814 669	（0，0，1）	−2.740 613	−1.968 430	−1.604 392
ΔLNY_3	−3.041 442*	（0，0，1）	−2.754 993	−1.970 978	−1.603 693
LNY_4	4.507 577	（0，0，1）	−2.740 613	−1.968 430	−1.604 392
ΔLNY_4	−1.688 592***	（0，0，1）	−2.754 993	−1.970 978	−1.603 693
LNY_5	2.449 266	（0，0，1）	−2.740 613	−1.968 430	−1.604 392
ΔLNY_5	−2.541 643**	（0，0，1）	−2.754 993	−1.970 978	−1.603 693
LNY_6	0.685 960	（0，0，1）	−2.740 613	−1.968 430	−1.604 392
ΔLNY_6	−4.820 921*	（0，0，1）	−2.754 993	−1.970 978	−1.603 693
LNX	0.410 251	（0，0，1）	−2.740 613	−1.968 430	−1.604 392
ΔLNX	−8.094 038*	（0，0，1）	−2.754 993	−1.970 978	−1.603 693

注：变量前加“△”表示对变量做一阶差分；（C，T，L）中的“C”表示检验时含常数项，“T”表示含趋势项（T=0 表示不含趋势项），“L”表示滞后阶数；“*”“**”“***”表示所在行变量分别在 1%、5%、10%的显著性水平上拒绝单位根假设。

（三）协整检验

采用 EG 两步法对变量进行协整检验。首先，利用 OLS 估计法估计出来的回归模型如下：

$$LNY_1 = 6.575\,372 + 0.135\,561 LNX \quad (3\text{-}15)$$

$$58.542\,42 \qquad (2.233\,602)$$

$$\text{Adj. R-squared}=0.221\,746 \qquad \text{DW}=0.952\,978$$

$$LNY_2 = 6.015\,765 + 0.246\,543 LNX \quad (3\text{-}16)$$

$$36.520\,07 \qquad (2.769\,837)$$

$$\text{Adj. R-squared}=0.322\,755 \qquad \text{DW}=0.982\,327$$

$$LNY_3 = 5.399\ 729 + 0.329\ 612LNX \qquad (3\text{-}17)$$

22.447 91　（2.535 872）

Adj. R-squared=0.279 489　DW=0.801 627

$$LNY_4 = 3.486\ 852 + 1.390\ 581LNX \qquad (3\text{-}18)$$

3.162 438　（4.284 877）

Adj. R-squared=0.391 331　DW=0.802 939

$$LNY_5 = 2.084\ 776 + 1.507\ 576LNX \qquad (3\text{-}19)$$

2.146 876　（2.873 12）

Adj. R-squared=0.341 326　DW=0.881 222

$$LNY_6 = 2.366\ 037 + 1.345\ 342LNX \qquad (3\text{-}20)$$

2.319 337　（2.440 559 5）

Adj. R-squared=0.314 220　DW=0.839 313

然后，对回归方程的残差进行单位根检验，结果见表 3-22。从残差的检验结果中我们可以看出，式（3-15）、式（3-16）残差序列在显著性水平 $\alpha=0.05$ 下，残差检验不存在单位根，即序列平稳；式（3-17）至式（3-20）残差序列在显著性水平 $\alpha=0.1$ 下，残差检验不存在单位根，即序列平稳。

由此可以认为，广东省、江苏省、浙江省对美国出口与美国对华反补贴调查案件数量之间存在一种长期稳定的均衡关系；广东省、江苏省、浙江省的对外直接投资与美国对华反补贴调查案件数量之间也存在一种长期稳定的均衡关系。

式（3-15）至式（3-20）中，LN*X* 系数分别为 0.135 561、0.246 543、0.329 612、1.390 581、1.507 576、1.345 342。各个变量的 *t* 值说明变量对于广东省、江苏省、浙江省对美国出口，以及广东省、江苏省、浙江省的对外直接投资有显著影响。

表 3-22　残差的 ADF 检验

协整模型	ADF 检验值	检验形式（C，T，L）	1%临界值	5%临界值	10%临界值
LNY_1-LNX	-1.639766^{**}	（0，0，1）	−2.740 613	−1.968 430	−1.604 392
LNY_2-LNX	-2.119298^{**}	（0，0，1）	−2.740 613	−1.968 430	−1.604 392
LNY_3-LNX	-1.667033^{***}	（0，0，1）	−2.740 613	−1.968 430	−1.604 392
LNY_4-LNX	-1.725084^{***}	（0，0，1）	−2.740 613	−1.968 430	−1.604 392
LNY_5-LNX	-1.857602^{***}	（0，0，1）	−2.740 613	−1.968 430	−1.604 392
LNY_6-LNX	-1.855068^{***}	（0，0，1）	2.740 613	−1.968 430	−1.604 392

注：“*”“**”“***”表示所在行变量分别在 1%、5%、10%的显著性水平上拒绝单位根假设。

三、基本结论

协整检验结果表明，广东省、江苏省、浙江省对美国出口，以及广东省、江苏省、浙江省的对外直接投资与美国对华反补贴调查案件数量增长均存在显著的相关性。美国对华反补贴调查案件数量每增加 1%，广东省、江苏省、浙江省对美国出口分别增加 13.556 1%、24.654 3%、32.961 2%；广东省、江苏省、浙江省的对外直接投资分别增加 139.058 1%、150.757 6%、134.534 2%。美国对华反补贴调查对这三个省的对美出口及境外直接投资具有明显的正效应。

基于上述结论，可以得出以下启示：从省市层面看，完善应对贸易摩擦协同机制，应支持加工组装企业向研发、品牌、营销型企业转变；推动产业链、供应链多元化，扩大自主品牌产品出口，巩固提升零部件、中间品在全球产业链中的地位。支持加工贸易企业提升产品技术含量和附加值，加快培育面向境外投资和跨国经营的中介服务，支持出口企业在东道国布局，推动生产制造和配套服务融合发展，深度参与构建涵盖生产体系、研发基地、营销网络和跨国供应链的国内国际双循环体系。

第四章 中国企业应对美国贸易壁垒的措施研究

第一节 会计策略与应诉企业争取最有利抗辩结果

一、会计抗辩策略对应诉企业申请“行业市场导向型产业地位”待遇的现实意义

从中美贸易摩擦判例的实践来看，在反倾销、反补贴的应对过程中，短期内应诉企业通过各种应诉策略争取市场经济地位及分别裁决地位下的单独税率已成为取得最低惩罚性关税的关键。争取行业市场导向结果，进而证明倾销行为不存在，抑或虽然存在倾销，但对进口国未造成实质性损害，以及损害与倾销间无因果关系，构成了实现最有利诉讼结果的企业应诉策略。

虽然美国基于贸易保护主义，没有给予中国“完全市场经济地位”，但涉案企业不能因此而放弃申诉的权利。被诉企业应向美国贸易救济调查机构申请“行业市场导向型产业”地位，争取“企业市场经济地位”的待遇。企业能够提供合规的成本资料，并能在应诉中对所选择的成本原因给予合理合法说明，这是企业取得市场经济地位待遇的必要条件。企业如要证明自身按照市场交易行为准则进行成本费用核算管理，就要证明企业是依据国际通用会计准则、会计制度的规定反映市场化价格产生的投入成本和产品价格。企业成本核算能够充分反映出市场供求关系和市场价值，是应诉中的关键举证材料，经过独立审计的基础财务账簿和会计方法等直接关系

到企业能否在终裁中取得有利的结果。[①]

二、会计核算策略与单独税率申请

在被施加的单独税率不高于被诉产品利润幅度的条件下，应诉会计证据生成、逻辑及效力维系是涉案企业在遭遇反倾销、反补贴诉讼时，进行会计举证、战略成本管理，并为选择合适的“替代国”提供决策依据，保留向目标市场出口机会的主要决定因素。

成本会计以权责发生制为基础，准确核算涉案成本费用信息，有利于明晰成本数据基础，提高成本评价质量，促使涉案企业探索建立以财务报告信息、公允价值计量为基础的成本评价指标体系，为应诉反倾销、反补贴调查，从财务报表列报、企业管理、供应链成本分配、会计处理等层面完善会计功能提供支撑。

围绕会计职能、会计本质、会计属性、会计科目、财务报表、会计估计、主要业务事项核算规则、财务主数据，如果涉案企业内部控制越规范化，并且能够持续推进财务信息化建设，那么企业在日常经营活动中产生的会计信息质量就越高、可靠性和可比性就越强，在应诉中凭借会计证据被裁定为低税率的单独税率的可能性越大，相比被抽样调查企业的加权平均税率，单独税率同比较低。[②] 例如，从表 4-1 可以发现，在所列案例中，美国贸易救济调查机构对中国企业进行实地核查，鉴于中国涉案企业全面配合调查，提供的会计处理流程、企业章程、企业价值报表、主要股东持股比率、产品清单和出口产品定价决策等会计资料齐全，最终企业在裁决中获得了比较有利的结果。

---

① 赵金玲，王慧．反倾销应诉会计证据生成及效力维系研究：一个理论分析框架[J]．新会计，2021（03）：7-12．

② 刘红．论我国中小企业在美国反倾销应诉中实体与程序抗辩：以美国对华木柜和浴室柜反倾销调查案为例[J]．厦门特区党校学报，2019（04）：68-73．

表 4-1　反倾销与反补贴诉讼中的单独税率与普遍税率比较

终裁时间	案件名称	获得单独税率企业的倾销率	被裁定的普遍倾销率	强制应诉企业被裁定的补贴率	被裁定的普遍补贴率
2021 年 3 月 8 日	排量为 99cc～225cc 的立式发动机及其零部件（Vertical Shaft Engines Between 99cc and up to 225cc and Parts Thereof）案	342.88%，调整后为 336.61%	541.75%，调整后为 535.48%	2.84%～18.13%	10.46%
2021 年 3 月 6 日	非重复充装钢瓶（Non-Refillable Steel Cylinders）案	63.65%～75.84%	101.67%	18.37%～186.18%	21.28%
2021 年 1 月 26 日	缓蚀剂（Corrosion Inhibitors）双反案	134.97%，现金保证金率为 87.11%	277.90%，现金保证金率为 241.02%	61.62%，93.05%，239.21%	77.34%
2021 年 1 月 5 日	排量为 225cc～999cc 的立式发动机及其零部件（Vertical Shaft Engines Between 225cc and 999cc, and Parts Thereof）案	270.95%，调整后为 259.17%	468.33%，调整后为 457.00%	17.75%～19.29%	18.72%
2020 年 12 月 29 日	木质装饰线条（Wood Mouldings and Millwork Products）案	44.60%，调整后为 33.87%	230.36%，调整后为 219.63%	20.56%，252.29%	20.56%

资料来源：美国国际贸易委员会官网，中国贸易救济信息网。

三、企业所有者、控制者与单独税率申请

申请的单独税率能否最终获得批准，还需要明确美方贸易救济调查机构将考查涉案产品的出口企业，而不是其生产企业或其他实体。即使涉案的出口企业被国有实体直接或间接拥有所有权或控制权，但是只要依据《中华人民共和国公司法》注册，并且在“事实上和法律上”不受政府控制，那么就允许从事出口经营的企业获得美国贸易救济调查机构给予的单独税率。此外，即使申请方对美国贸易救济调查机构给予被诉方单独税率提出异议，若不能提供充分的事实证据，就不能予以撤销裁决。①

值得注意的是，一些判例表明，虽然企业为政府所有，但并不必然构成政府在法律上对出口价格进行控制，只要涉案企业能够提供证据证明不存在法律对出口企业行为的许可证要求或类似的限制，也不存在政府批准或设定出口价格的事实即可。此外，若被诉方在组织管理架构、确定管理层人选、合同谈判及签约方面拥有自主权，并且在保留出口收益、利润或亏损方面可以独立处置，那么这些在市场经济供给与需求基础上的普通交易行为，也能够成为被诉方在事实上独立于政府控制的证据资料。②

四、典型案例分析

（一）金属储物柜及其零部件案

1. 基本情况

2021 年 6 月，美国商务部宣布金属储物柜及其零部件（Metal Lockers and Parts Thereof）案的终裁裁定。

①裁定未应诉的 8 家企业补贴率为 131.51%。

经应诉、抗辩，一企业被裁定的补贴率为 24.66%。

②对中国企业适用的普通反倾销税率幅度为 322.25%，调整后为 311.71%。

经过应诉、抗辩，一生产商/出口商被裁定倾销率为 0，调整后的倾销

---

① 裘韵．美国对华反倾销中“单一税率假设”问题分析：以 WTO 之 DS471 为例[J]．海关与经贸研究，2017（04）：106-117.

② 程小可，沈昊旻，高升好．贸易摩擦与权益资本成本[J]．会计研究，2021（02）：61-71.

率为0；另一企业被裁定倾销率为21.25%，调整后的倾销率为10.71%。获得单独税率的企业被裁定的倾销率为21.25%，调整后的倾销率为10.71%。①

2. 评析

本案中，反补贴税率分为两类：第一类是未应诉企业，为131.51%；第二类为应诉抗辩企业，为24.66%。由此可见，优化企业的成本管理会计体系，强化分级管理、项目测算法、作业成本法的实践应用，推进成本会计电算化进程，依据关于市场经济地位的成本会计证据标准，进行有效诉讼预警、抗辩、中止调查、质证及降低被认定倾销和补贴幅度，能够使反倾销税、反补贴税降低到合理水平。

本案中，应诉企业的反倾销税率分为两类：第一类是被重点调查的两家企业获得单独税率，某生产商/出口商被裁定为0，另一企业被裁定为10.71%（调整后）；第二类是未应诉及未被列为涉案的其他企业，获得惩罚性普遍税率，调整后为311.71%。其中，单独税率比普遍税率低。因此，企业应加强成本的过程控制与管理，规范成本预算编制，由核算型向管理型转变，进行有效的成本规划、控制、核算、评价，积极申请单独税率。②

（二）手扶式割草机及其零部件案

1. 基本情况

2021年5月，美国商务部宣布手扶式割草机及其零部件（Certain Walk-Behind Lawn Mowers and Parts）案的终裁结果。③

①裁定中国生产商/出口商的普通倾销率为274.29%，调整后倾销率为263.75%。

经过应诉、抗辩，某公司倾销率被裁定为98.73%，调整后的倾销率为88.17%；获得单独税率企业的倾销率为98.73%，调整后的倾销率为88.17%。

②裁定中国生产商/出口商的普通补贴率均为16.29%。

两家强制应诉企业的补贴率分别被裁定为20.98%和14.17%。

---

① 美国国际贸易委员会. Metal Lockers from China Injure U. S. Industry, Says USITC [EB/OL]. [2022-06-28]. https://www.usitc.gov/press_room/news_release/2021/er0727ll1802.htm.

② 中国贸易救济信息网. 美国做出金属储物柜及其零部件双反产业损害终裁[EB/OL]. [2021-07-28]. http://cacs.mofcom.gov.cn/cacscms/case/ckys?caseId=53d8a6e2739d92860173a2e71c760311.

③ 中国贸易救济信息网. 美国做出手扶式割草机及其零部件双反产业损害终裁[EB/OL]. [2021-06-17]. http://cacs.mofcom.gov.cn/cacscms/case/ckys?caseId=53d8a6e272c1bafa0172c4e7592a0027.

2. 评析

本案中，应诉企业的反倾销税率分为两类：第一类是被重点调查的企业获得单独税率，反倾销税率为 88.17%（调整后）；第二类是未应诉及未被列为涉案的其他生产商/出口商，获得惩罚性普遍税率，调整后为 263.75%。① 其中，单独税率比普遍税率低。

面对美国贸易救济调查机构针对中国发起的反倾销、反补贴程序，被重点调查的企业应当充分提供调查机构所需的会计证据信息，发挥会计的诉讼支持功能和延伸功能，防止调查机关对"不利的可获得事实"核查规则的滥用，避免承担高额的普遍税率。

（三）移动式升降作业平台案

1. 基本情况

2021 年 10 月，美国商务部宣布对移动式升降作业平台（Mobile Access Equipment and Subassemblies Thereof）案的终裁。

①中国生产商/出口商的加权平均反补贴税率为 12.93%。

②经过应诉、抗辩，裁定两家企业适用的反补贴率分别为 18.34%和 11.95%。

③6 家不应诉企业的反补贴税率均为 448.70%。②

2. 评析

本案中，应诉企业的反补贴税率分为三类：第一类是被重点调查的企业获得单独税率，适用的反补贴率分别为 18.34%和 11.95%；第二类是被列为涉案又参与应诉的企业，获得加权平均反补贴税率为 12.93%；第三类是被列为涉案并且未应诉的企业，获得惩罚性普遍税率，均为 448.70%。③ 其中，不应诉获得的惩罚性税率最高。

---

① United States International Trade Commission. Walk-Behind Lawn Mowers from China and Vietnam Injure U. S. Industry, Says USITC. [2021-07-16]. https://www.usitc.gov/press_room/news_release/2021/er0616ll1782.htm.

② United States International Trade Commission. Certain Mobile Access Equipment and Subasse Mbilies from China Threaten U. S. Industry, Says USITC. [2022-03-22]. https://www.usitc.gov/press_room/news_release/2022/er0324ll1909.htm.

③ 中国贸易救济信息网. 美国做出移动式升降作业平台反倾销产业损害终裁[EB/OL]. [2022-03-25]. http://cacs.mofcom.gov.cn/cacscms/case/ckys?caseId=53d8a6e2783e593101785dd3c4d504a1.

实践中，一些企业仍然将成本管理作为一个内部管控系统，仅仅规定提供财务及核算报告，用财务准则评价盈利逻辑，而不注重应对反倾销、反补贴会计证据体系的构建，局限地看待企业内部管理中涉及的传统成本管理方法等，也不强调由生产管理延伸到外部管理，导致战略成本管理可以发挥的会计证据功能下降；不充分发挥成本管理的会计证据信息，不充分利用战略成本管理的成本管控方法和体系来赢得反倾销、反补贴的应诉、抗辩。

为此，企业应发挥成本会计的作用，将成本会计信息作为应对反倾销、反补贴的会计证据，对成本会计的对象、内容、方法进行全方位的分解；不再局限于产品生产制造过程，而要延伸到贸易救济调查问卷，相关反倾销、反补贴演变态势分析，以及调查问卷、收集证据和诉讼支持等环节。从成本核算、成本控制向调查收集会计证据并赋予其证据能力转变。

（四）液力端案

1. 基本情况

2020 年 12 月 8 日，美国商务部宣布对液力端（Forged Steel Fluid End Blocks）案做出终裁。①

①中国强制应诉企业被裁定的补贴率分别为 16.80%、19.88%；不合作企业的补贴率为 337.07%；其他出口商/生产商补贴率为 19.55%。

②德国出口商/生产商补贴率为 5.86%~14.81%；印度出口商/生产商补贴率为 5.20%；意大利出口商/生产商补贴率为 3.12%~44.86%。

2. 评析

①中国强制应诉企业，证明了其市场经济地位，被裁定补贴率为 19.88%，低于不合作企业的补贴率。由于不合作企业没有获得市场经济地位，因此，被裁定的补贴率为 337.07%。

②在本案中，意大利企业被裁定的补贴率高达 44.86%，并且意大利属于市场经济国家。与意大利的涉案企业相比较，中国的涉案强制应诉企业

① International Trade Administration. Final Determination in the Antidumping and Countervailing Duty Investiagtions of Forged Steel Fluid End Blocks from China, Germany, India, and Italy[EB/OL]. ([2022-12-8]). https://www.trade.gov/faq/final-determinations-antidumping-and-countervailing-duty-investigations-forged-steel-fluid-end.

由于获得了市场经济地位，被裁定的补贴率低于市场经济国家涉案企业的反补贴税率。

结合实践来看，涉案企业通过健全成本会计管理体系，并将目标成本控制融入价格管理、运营管理、全面预算管理，改进成本核算方法，创新成本战略管理思路，实现成本会计管理与应诉、抗辩的有效衔接，争取企业市场经济地位，有利于降低反补贴税税率。①

（五）床垫双反案

1. 基本情况

2021 年 3 月 19 日，美国商务部宣布对床垫（Mattresses）反补贴案的终裁结果。②

①裁定强制应诉企业以及中国其他生产商/出口商的补贴率均为 97.78%。

②对涉案的市场经济国家裁定结果：裁定柬埔寨生产商/出口商倾销率为 45.34%，印度尼西亚生产商/出口商倾销率为 2.22%，马来西亚生产商/出口商倾销率为 42.92%，塞尔维亚生产商/出口商倾销率为 112.11%，泰国生产商/出口商倾销率为 37.48%～763.28%，土耳其生产商/出口商倾销率为 20.03%。

③对涉案的非市场经济国家裁定结果：塞尔维亚生产商/出口商倾销率为 112.11%，越南生产商/出口商倾销率为 114.92%～668.38%。

2. 评析

根据美国的分类，泰国属于市场经济国家，本案中泰国涉案企业被裁定税率最高幅度达到 763.28%，③ 远远高于中国涉案企业。

由于积极应诉，中国涉案企业获得了比市场经济国家企业还要有利的结果。为了确定是否使用“替代国”方法，确定对裁定的关键点的抗辩陈

---

① 中国贸易救济信息网. 美国做出液力端双反终裁[EB/OL].[2020-12-24]. http://cacs.mofcom.gov.cn/cacscms/articleDetail/myhbgjaj?articleId=167272&id=53d8a6e2765d41c50176606174690295.

② 中国贸易救济信息网. 美国做出床垫双反损害终裁[EB/OL]. [2021-04-22]. http:// cacs.mofcom.gov.cn/cacscms/case/ckys?caseId=53d8a6e271719a9d0171a0f4ef4b171b.

③ United States International Trade Commission. Mattresses from Cambodia, China, Indonesia, Malaysia, Serbia, Thailand, Turkey, and Vietnam injure U. S. Industry, Says USITC. [EB/OL]. [2021-04-21]. https://www.usitc.gov/press_room/news_release/2021/er0421ll1758.htm.

述，进一步提高应对反倾销、反补贴调查的会计核算信息的效率和证据质量，企业要合理选择成本会计核算方法。企业可以结合应诉、抗辩需求，以市场价格为基础，以价值链为导向，以生产工艺布局和工艺流程优化为手段，积极采用数字信息系统、云计算、目标成本管理方法以及分布式处理技术进行财务成本核算和成本管理，将财务核算、会计信息通过数据转化为庭审证据，实现企业成本会计证据体系的构建，提升企业的会计信息质量。

第二节　知识密集型出口企业“337 调查”诉讼案例分析及启示

一、牛磺酸“337 调查”案

（一）调查基本情况

本次“337 调查”由美国维塔沃克公司（Vitaworks IP）公司于 2019 年 1 月 30 日根据《美国 1930 年关税法》第 337 节规定向美国国际贸易委员会（ITC）提出申请，指控三家生产牛磺酸的中国企业在对美出口、在美进口及销售的牛磺酸产品及其生产工艺侵犯其专利权。①

（二）涉及知识密集型产品情况

从德温特世界专利索引（WPI）数据库可以检索的“牛磺酸”领域专利文献看，专利申请的原创技术国和主要申请人分布中，超过一半来自中国。中国是全球最大的牛磺酸生产和出口国。

原告称涉案企业的牛磺酸产品侵犯了美国的专利，专利内容主要为牛磺酸的新型制造工艺。据年报显示，2018 年我国企业牛磺酸对美出口额接近 1 亿美元，涉案企业营收中，海外市场的收入占据企业总营收的 60%以上。若该案应对不利，涉案牛磺酸产品将被排除出美国市场，将对我国牛磺酸生产企业业绩造成严重影响。

① 张蓓蓓. 美国对中国牛磺酸产品 337 调查案例分析[J]. 精细与专用化学品，2021，29（08）：1-4.

（三）企业应对措施

涉案企业作为医药行业高新技术企业，重视专利布局，通过组建知识产权部门，配备专业技术人员，不断增强知识产权的管理和保护，挖掘相关专利技术，开展专利的申请和运营维护工作，遵守各项知识产权法律法规。企业开拓海外重要目标市场时，开展多重专利排查，实施相关规避设计，注重取得海外竞争对手或非专利实施实体专利许可，以切实防范侵权风险。此外，产业联合应对，主动利用“337 调查”的“百天程序”也是关键。“百天程序”可为当事人提供快速的事实查明、证据开示和裁决机制，将通常需要 16～18 个月的调查期限缩短到 1 个月。

（四）启示

本案为美国国际贸易委员会通过百天程序后第一起成功启动的案例，在中国企业提供的充分抗辩证据面前，通过考量时间节点、判断主体、判断标准及举证责任等，最终美国公司因专利数据存疑等问题无条件撤诉。在诉讼过程中，出口企业根据有关规定及时履行信息披露义务，维护了企业及全体股东的合法权益。

公平有序的竞争机制是与贸易有关的知识产权保护的重要保障。在保障权利人知识产权的同时，也应预防其以滥用权利的方式损害国际贸易竞争秩序。从法律上看，企业要提高胜诉率，还应从权利基础及认定方法、禁止权利滥用等方面提供合理的抗辩理由，向贸易救济调查机构全面介绍争议焦点、关键性证据等，以为调查提供参考，提高调查的质量和效率。

二、特定 LTE 和 3G 兼容移动通信设备“337 调查”案

（一）调查基本情况

本次“337 调查”由美国钢铁公司于 2018 年根据《美国 1930 年关税法》第 337 节规定向美国国际贸易委员会提起诉讼，指控 40 个中国钢铁生产企业和贸易企业存在窃取商业秘密、价格垄断、虚假注册原产地行为。本案的突出特点是首次将“337 调查”延伸到反规避和反垄断领域。

在三个诉点上，中国企业全部胜诉。2017 年 2 月，美国钢铁公司（原告）撤销“窃取商业秘密”指控；2017 年 11 月，ITC 裁定中国企业不存在虚假注册原产地逃避进口税的行为；2018 年 3 月，原告被裁定无法证明受

到被告垄断行为的损害，终止反垄断指控的调查。2020年，美国国际贸易委员会终裁裁定侵权不成立，终止本案调查。①

（二）企业应对措施

企业应设立知识产权管理部门，进行知识产权风险评估和价值预测，建立知识产权检索机制，规范答辩举证和出庭应诉。案件应诉机构及时起草答辩状，准备证据材料及其他资料，提出委托诉讼代理人推荐人选。签署委托协议后，在法定期限内提交美方的贸易救济调查机关，不拒绝并且无不正当理由迟延答辩举证。在梳理评估相关法律事实和证据的基础上，企业充分运用积累的日常管理资料，提高答辩举证质量，对于美方企业的各类指控提出抗辩，做到答辩形式规范、说理充分，提供证据全面、准确。对于诉点的应诉，通过咨询、论证等方式听取国家商务部门、中国国际贸易促进会等多方的意见。规范的企业管理和有效的行业自律可简化应诉答辩材料的准备程序，减少审批环节，缩短审批时间。被诉企业的出庭应诉人员应了解案件事实和证据，熟知法律规定，配合美国贸易救济调查机关查明案情。被诉企业出庭应诉时应依据司法程序，与涉案的各个利益相关方进行有效协调。被诉企业及其诉讼代理人积极支持调查机构进行沟通协商，尊重调查机构提出的调解意见，在合法、不损害国家及企业权益、社会公共利益的前提下促使原告撤诉及结案。

（三）小结及启示

加强知识产权创造、运用和保护是钢铁企业开拓国际市场的关键因素。与国际贸易有关的知识产权壁垒作为非关税壁垒的一种主要形式，在国际上一直是钢铁企业竞争的一个制高点。美国钢铁企业主要利用知识产权手段提高其竞争地位，以知识产权壁垒维护其利益。而“337调查”和知识产权侵权诉讼具有要求败诉方有关产品不得进入进口国市场的特点，是申诉方企业频繁使用的手段。“337调查”及海外知识产权诉讼按照申诉目的可以分为许可收益型诉讼和市场障碍型诉讼，后者主要由行业竞争对手提起，通过提请知识产权侵权调查的方法，阻止市场主体在相关市场进行

① United States International Trade Commission. Investigation No.337-TA-1138[EB/OL]. [2020-06-01]. https://www.usitc.gov/secretary/fed_reg_notices/337/337_1138_notice_06012020sgl.pdf.

拓展。基于海外知识产权保护体系完善的背景、地位，出口企业应完善对核心技术专利的布局与体系化保护，特别是在已经积极采取措施避免纠纷发生却依然被申诉的情况下，应及时收集、掌握关键证据，构建完整的证据体系，形成完整的证据链条，为各种方式的抗辩或和解夯实证据基础。

三、LED 显示单元“337 调查”案

（一）调查基本情况

本次“337 调查”由美国奥特维恩（Ultravision Technologies）公司于 2018 年 3 月 27 日根据《美国 1930 年关税法》第 337 节规定向美国国际贸易委员会提出申请，指控 11 家中国上市企业侵犯其专利权，涉及产品为特定模块化 LED 显示单元（即 LED 显示屏）及其组件。2019 年 2 月，美国国际贸易委员会做出终裁，原告无条件撤诉。①

（二）企业应对措施

根据申诉方的诉讼请求、涉案 LED 显示屏专利的技术特征以及中国涉案企业所使用的相关技术等，应诉方制定了有效的抗辩、诉讼策略，主要从涉案专利的产生和国内产业两方面对原告证人进行取证。同时，应诉方还提出新的主张，尤其指出申诉方涉案专利保护下的技术在法定期限内就已经被涉案企业采用，并进行产品生产、销售和出口，构成现有技术。另外，应诉企业取得的基础技术文献可以作为证据。基于此，应诉方向美国专利商标局提出涉案 LED 显示屏专利权无效宣告请求。同时，在证据收集过程中，应诉方还以核心优先权专利技术和事实为佐证，对 ITC 调查程序进行有效管控，将企业提供的关键技术链、技术创新等相关材料提交调查机构。②

（三）小结及启示

专利布局等知识产权战略管理的应用，不仅能够保护创新型出口企

---

① United States International Trade Commission. Investigation No. 337-TA-1261[EB/OL]. [202-01-06]. 美国国际贸易委员会，https://www.usitc.gov/secretary/fed_reg_notices/337/337_1261_notice 01062022sgl.pdf.

② 中国贸易救济信息网．美国 ITC 发布对 LED 景观照明装置及其组件的 337 部分终裁[EB/OL]. [2022-01-07]. http://cacs.mofcom.gov.cn/cacscms/case/ssqdc?caseId=53d8a6e278aa7eb90178b468e929015b.

业、抵御竞争者的专利攻势，还能够突破技术垄断，防止现有技术因忽视国际知识产权规则而流失。更重要的是，用好知识产权防护网、提高知识产权的运用能力和保护能力，能够增强创新驱动能力、协同创新能力和创新投入能力，创造新的竞争优势。借鉴发达国家企业专利布局方法及其知识产权管理的成功经验，将国际通行的知识产权许可、转让、融资规则和有效的战略、方法、标准和技术纳入企业的知识产权管理网络，提高专利市场活跃程度，能够推动我国企业国际发明专利申请数量和境外注册商标数量的增长，对于我国出口创新型企业迎接新的挑战、促进以技术占领市场能力的提高，以及知识产权侵权预警机制的建立具有重要的意义。

第三节　出口企业规避美国贸易救济调查的实证研究

一、出口企业的应对措施

为了应对美国贸易救济调查，中国企业采取各种应对措施，通过提高产业国际竞争力、供给侧结构性改革、出口市场持续多元化，利用境外直接投资，加快制造业海外布局，提升企业利润空间，降低未来遭受贸易救济调查的可能性和损害。

（一）实施多元化市场布局

面对贸易摩擦，出口企业巩固传统市场、开拓新兴市场，利用“一带一路”倡议进行市场多元化布局。根据《中国商务统计年鉴 2021》公布的数据，2018—2020 年，虽然我国机电产品对美国、欧盟等传统发达市场的出口继续维持较快增长，但对印度、越南、墨西哥等新兴市场和“一带一路”沿线国家的出口增幅高于总体水平，2018 年前十大市场合计比重较 2017 年降低两个百分点。2020 年对“一带一路”沿线国家和《区域全面经济伙伴关系协定》（RCEP）国家出口额占同期机电产品出口总值的比重分别提升至 28%和 42.2%。①

① 中华人民共和国商务部. 中国商务年鉴 2021[M]. 北京：中国商务出版社，2021.

（二）加大技术研发投入，提升技术创新活跃度，增强国际市场竞争力

从实践来看，轻工、机电、纺织品服装产品等行业的企业积极推进转型升级，如将智能制造引入以劳动密集型为主的制造行业，加大研究与开发力度，提升生产率、产品质量和档次以及出口产品附加值；加快推动智能制造，利用大数据进行管理，在产品研发、“走出去”境外直接投资、产业链整合、品牌建设等方面提升智能制造水平、产品质量和生产效率，巩固了市场竞争优势。

总体来看，出口行业正在从量的增长转变为产品附加值、品牌、服务、质量技术等方面的提质增效。例如，根据中国商务年鉴统计数据，中国近70种机电产品在全球出口份额中保持首位，还有40余种位列全球前五。

此外，在成本上升压力的影响下，五金建材产品、化工产品企业调整出口商品结构，优化业务链条各个环节，如加快资金周转速度、降低供应链成本、输出供应链管理服务，提高企业与外部单位合作开展创新活动的程度，改善创新资源的利用效率和创新成果的转移、转化水平。

（三）深化“走出去”境外直接投资

当前全球贸易投资保护主义抬头，中国企业境外直接投资外部障碍增多，严重影响到企业境外投资安全和权益。面对上述国际形势，中国企业不断增强国际化经营能力，提升境外投资合作发展效益和质量，促进东道国就业和纳税，带动当地产业发展，带动服务、设备、技术、标准“走出去”，辐射周边市场。钢铁、水泥、纺织、化工、机械、汽车等制造业优势领域企业通过境外直接投资，深化国际产能合作，大力拓展新兴市场，强化管理服务、促进和保障措施，创新境外直接投资方式。

二、出口市场多元化、技术创新、对外直接投资与美国对华贸易救济调查之间关系的协整检验

（一）定义各变量

Y_1：美国对华反倾销调查案件数，数据来源于中国贸易救济信息网和美国国际贸易委员会官网。

Y_2：美国对华反补贴调查案件数，数据来源于中国贸易救济信息网和美国国际贸易委员会官网。

X_1：中国高新技术产品出口额在中国总出口中的占比，数据来源于中国统计年鉴。占比提高，表示在反倾销税、反补贴税的影响下，能够成功实现产品创新和工艺创新的企业通过加大新产品开发力度、调整产品种类、推进产品升级、提高生产效率，提升了创新产出能力，增强了国际市场竞争力。

X_2和X_4：分别表示中国对非美国市场其他地区出口、中国对美国市场出口在中国总出口中的占比，数据来源于中国统计年鉴。占比合理，表示中国企业经营战略的出口市场多元化，能够通过调整产品市场和不同目的地市场的销售计划，降低对美国出口市场的集中度，进而规避美国贸易救济调查带来的不利影响。

X_3：中国对美国直接投资存量，数据来源于中国统计年鉴。表示为了绕过贸易壁垒，采取在东道国直接投产的方式，以满足东道国市场需求为目的，同时，可以通过竞争效应和学习效应获得反向技术溢出，提高母国产品的技术含量和出口竞争力。

X_5：国内有效专利数，数据来源于中国科技统计年鉴，作为评估科技活动成果的指标。

X_6：R&D研究与试验发展经费内部支出可比价增长，单位为%，数据来源于中国科技统计年鉴，用来表示全国研究与试验发展经费内部支出情况。

X_7：规模以上工业企业的新产品出口，单位为亿元，数据来源于中国科技统计年鉴，用来表示规模以上工业企业的科技活动基本情况及新产品开发和生产情况。

X_8和X_9：分别表示中国制造业出口指数类别中的工业化出口质量指数（Industrial Export Quality Index）、制造业增加值指数类别的工业化密集度指数（Industrialization Intensity Index），数据来源于联合国工业发展组织（UNIDO）工业竞争力指数数据库。

以上变量的时间范围均为2006—2020年。同时，为了消除异方差，对各个时间序列取自然对数，分别为LNX_1、LNX_2、LNX_3、LNX_4、LNX_5、LNX_6、LNX_7、LNX_8和LNX_9。

（二）单位根检验

为了避免出现伪回归问题，对时间序列进行数据序列的平稳性检验，序列的单位根检验可以根据 ADF 检验得到。表 4-2 显示了 ADF 单位根检验结果，所有数据均为一阶差分平稳。

表 4-2　各变量 ADF 单位根检验结果

变量	ADF 检验值	检验形式（C，T，L）	1%临界值	5%临界值	10%临界值
LNY_1	-0.117 373	（0，0，1）	-2.740 613	-1.968 430	-1.604 392
ΔLNY_1	-6.344 117*	（0，0，1）	-2.754 993	-1.970 978	-1.603 693
LNY_2	0.410 251	（0，0，1）	-2.754 993	-1.970 978	-1.603 693
ΔLNY_2	-8.094 038*	（0，0，1）	-2.754 993	-1.970 978	-1.603 693
LNX_1	-0.271 757	（0，0，1）	-2.740 613	-1.968 430	-1.604 392
ΔLNX_1	-4.241 390*	（0，0，1）	-2.771 926	-1.974 028	-1.602 922
LNX_2	-1.088 494	（0，0，1）	-2.740 613	-1.968 430	-1.604 392
ΔLNX_2	-3.845 414*	（0，0，1）	-2.754 993	-1.970 978	-1.603 693
LNX_3	0.861 445	（0，0，1）	-2.754 993	-1.970 978	-1.603 693
ΔLNX_3	-7.295 385*	（C，T，4）	-5.521 860	-4.107 833	-3.515 047
LNX_4	-0.746 309	（0，0，0）	-2.740 613	-1.968 430	-1.604 392
ΔLNX_4	-3.833 655*	（0，0，0）	-2.754 993	-1.970 978	-1.603 693
LNX_5	-1.944 489	（0，0，0）	-4.004 425	-3.098 896	-2.690 439
ΔLNX_5	-4.368 194*	（0，0，3）	-4.297 073	-3.212 696	-2.747 676
LNX_6	-0.819 263	（0，0，0）	-2.740 613	-1.968 430	-1.604 392
ΔLNX_6	-4.213 067*	（0，0，1）	-2.771 926	-1.974 028	-1.602 922
LNX_7	3.135 096	（0，0，0）	-2.740 613	-1.968 430	-1.604 392
ΔLNX_7	-2.856 298*	（0，0，0）	-2.754 993	-1.970 978	-1.603 693
LNX_8	-0.468 913	（0，0，0）	-2.740 613	-1.968 430	-1.604 392
ΔLNX_8	-2.562 266**	（0，0，0）	-2.754 993	-1.970 978	-1.603 693
LNX_9	0.031 339	（0，0，1）	-2.754 993	-1.970 978	-1.603 693
ΔLNX_9	-2.952 614*	（0，0，0）	-2.754 993	-1.970 978	-1.603 693

注：变量前加“△”表示对变量做一阶差分；（C，T，L）中的“C”表示检验时含常数项，“T”表示含趋势项（T=0 表示不含趋势项），“L”表示滞后阶数；“*”“**”“***”表示所在行变量分别在 1%、5%、10%的显著性水平上拒绝单位根假设。

（三）协整检验

由于变量均为同阶单整，在确定滞后阶数的基础上可以进行 Johansen（约翰森）协整检验。检验结果详见表 4-3 至表 4-8。

表 4-3　LNY_1 与 LNX_1、LNX_2、LNX_3 之间的协整检验结果

特征值	迹统计量	*P* 值	最大特征根值统计量	*P* 值	结论
0.914 533	55.025 47*	0.000 9	31.975 16*	0.003 6	存在一个协整关系
0.685 403	23.050 31	0.070 8	15.034 02	0.124 2	
0.436 543	8.016 285	0.235 4	7.457 643	0.212 3	
0.042 062	0.558 642	0.516 9	0.558 642	0.516 9	

注："*" 代表 5%的统计显著性水平。

表 4-4　LNY_2 与 LNX_1、LNX_2、LNX_3 之间的协整检验结果

特征值	迹统计量	*P* 值	最大特征根值统计量	*P* 值	结论
0.897 248	53.707 05*	0.001 3	29.580 63*	0.008 3	存在一个协整关系
0.666 605	24.126 42	0.052 2	14.279 57	0.156 6	
0.531 068	9.846 850	0.125 5	9.844 872	0.086 6	
0.000 152	0.001 978	0.971 0	0.001 978	0.971 0	

注："*" 代表 5%的统计显著性水平。

表 4-5　LNY_1 与 LNX_4、LNX_5 之间的协整检验结果

特征值	迹统计量	*P* 值	最大特征根值统计量	*P* 值	结论
0.875 514	41.393 36*	0.001 5	27.086 35*	0.006 4	存在一个协整关系
0.569 152	14.307 01	0.074 9	10.946 00	0.156 9	
0.227 821	3.361 006	0.066 8	3.361 006	0.066 8	

注："*" 代表 5%的统计显著性水平。

表 4-6　LNY_2 与 LNX_6、LNX_7 之间的协整检验结果

特征值	迹统计量	*P* 值	最大特征根值统计量	*P* 值	结论
0.842 000	36.748 93*	0.006 7	25.832 29*	0.010 1	存在一个协整关系
0.427 958	10.916 65	0.216 7	7.819 592	0.397 3	
0.198 458	3.097 055	0.078 4	3.097 055	0.078 4	

注："*" 代表 5%的统计显著性水平。

表 4-7　LNY_1 与 LNX_8、LNX_9 之间的协整检验结果

特征值	迹统计量	P 值	最大特征根值统计量	P 值	结论
0.861 029	35.294 16*	0.010 5	25.655 39*	0.010 8	存在一个
0.512 999	9.638 770	0.309 6	9.353 363	0.257 9	协整关系
0.021 715	0.285 407	0.593 2	0.285 407	0.593 2	

注："*"代表 5%的统计显著性水平。

表 4-8　LNY_2 与 LNX_8、LNX_9 之间的协整检验结果

特征值	迹统计量	P 值	最大特征根值统计量	P 值	结论
0.906 081	42.887 91*	0.000 9	30.749 25*	0.001 6	存在一个
0.591 780	12.138 66	0.150 4	11.647 35	0.124 6	协整关系
0.037 088	0.491 317	0.483 3	0.491 317	0.483 3	

注："*"代表 5%的统计显著性水平。

根据表 4-3 和表 4-4 显示的协整结果，美国对华反倾销、反补贴与创新产出、出口市场多元化、中国对美国直接投资具有长期的稳定均衡关系。其正规化后的协整方程如下：

$$LNY_1 = 0.571\,733LNX_1 - 15.686\,6LNX_2 - 0.006\,591LNX_3 \quad (4-1)$$

$$0.506\,71 \quad (2.651) \quad (0.030\,05)$$

$$LNY_2 = -0.100\,592LNX_1 - 8.417\,694LNX_2 + 0.085\,968LNX_3 \quad (4-2)$$

$$0.589\,4 \quad (3.102\,37) \quad (0.034\,51)$$

式（4-1）表明，中国高新技术产品出口在中国总出口中的占比与美国对华反倾销具有正向的长期协整关系；中国对非美国市场的其他地区的出口在中国总出口中的占比、中国对美国直接投资存量与美国对华反倾销具有负向的协整关系。即中国企业出口市场多元化策略、中国企业加强对美国直接投资具有抑制美国对华反倾销的作用，中国企业加强技术创新、产品升级会刺激美国对华反倾销调查。

式（4-2）表明，中国高新技术产品出口在中国总出口中的占比、中国对非美国市场的其他地区的出口在中国总出口中的占比与美国对华反补贴调查具有负向的长期协整关系，中国对美国直接投资存量与美国对华反倾

销具有正向的协整关系。即中国企业加强技术创新及产品升级、中国企业出口市场多元化策略具有抑制美国对华反补贴的作用，中国企业加强对美国的直接投资会促使美国对华反补贴调查增加。

根据表4-5显示的协整结果，其正规化后的协整方程如下：

$$LNY_1 = 10.303\,05LNX_4 - 0.164\,661LNX_5 \quad (4\text{-}3)$$
$$1.137\,06 \qquad (0.120\,31)$$

式（4-3）表明，中国对美国市场出口集中度与美国对华反倾销调查具有正向的长期协整关系，降低对美国市场的出口依赖度、实施市场多元化策略有利于减少美国对华反倾销调查。中国国内有效专利数与美国对华反倾销调查具有负向的协整关系，中国企业科技活动成果增加有利于抑制美国对华反倾销调查。

根据表4-6显示的协整结果，其正规化后的协整方程如下：

$$LNY_2 = -0.608\,668LNX_6 - 1.469\,158LNX_7 \quad (4\text{-}4)$$
$$0.284\,42 \qquad (0.436\,58)$$

式（4-4）表明，中国研究与试验发展（R&D）经费内部支出可比价增长、规模以上工业企业的新产品出口与美国对华反补贴调查具有负向的长期协整关系。扩大中国研究与试验发展经费内部支出、加强规模以上工业企业的科技活动及新产品开发和生产，有利于减少美国对华反补贴调查案件数量。

根据表4-7和表4-8显示的协整结果，其正规化后的协整方程分别如下：

$$LNY_1 = -22.398\,96LNX_8 - 18.561\,01LNX_9 \quad (4\text{-}5)$$
$$3.948\,10 \qquad (3.125\,368)$$

$$LNY_2 = -27.317\,93LNX_8 - 18.529\,68LNX_9 \quad (4\text{-}6)$$
$$3.978\,00 \qquad (3.383\,22)$$

式（4-5）和式（4-6）表明，中国制造业出口指数类别中的工业化出口质量指数、制造业增加值指数类别中的工业化密集度指数与美国对华反倾销调查、反补贴调查具有负向的长期协整关系，因此提高我国的工业化出口质量指数、工业化密集度指数，有利于减少美国对华反倾销调查、反补贴调查案件数量。

(四)格兰杰因果关系检验

协整检验结果证明了变量之间存在长期稳定的均衡关系,但两者之间的均衡关系是否构成因果关系,还需进一步检验。本书利用格兰杰因果关系检验方法对相关的时间序列之间的因果关系进行了检验。

从表4-9中可以看出,在5%显著性水平上,当滞后阶数为1时,中国高新技术产品出口在中国总出口中的占比提高是美国对华反倾销调查案件数量增长的原因;美国对华反倾销调查案件数量增长是中国高新技术产品出口在中国总出口中占比提高的原因,也是中国对美国直接投资存量上升的原因。在5%显著性水平上,当滞后阶数为2时,中国高新技术产品出口在中国总出口中的占比提高是美国对华反补贴调查案件数量增长的原因。在10%显著性水平上,当滞后阶数为2时,中国对美国直接投资存量上升是美国对华反补贴调查案件数量增加的原因。

表4-9 格兰杰因果关系检验结果(1)

原假设	滞后阶数	F统计量	P值	结论
LNX_1不是LNY_1的格兰杰原因	1	5.509 03	0.038 7	拒绝原假设*
LNY_1不是LNX_1的格兰杰原因	1	5.364 73	0.040 9	拒绝原假设*
LNX_2不是LNY_1的格兰杰原因	1	1.523 94	0.242 7	接受原假设
LNY_1不是LNX_2的格兰杰原因	1	0.359 08	0.561 2	接受原假设
LNX_3不是LNY_1的格兰杰原因	1	0.142 68	0.712 8	接受原假设
LNY_1不是LNX_3的格兰杰原因	1	6.322 56	0.028 8	拒绝原假设*
LNX_1不是LNY_2的格兰杰原因	2	5.774 15	0.028 0	拒绝原假设*
LNY_2不是LNX_1的格兰杰原因	2	0.179 36	0.839 1	接受原假设
LNX_2不是LNY_2的格兰杰原因	2	0.212 08	0.813 3	接受原假设
LNY_2不是LNX_2的格兰杰原因	2	0.284 57	0.759 6	接受原假设
LNX_3不是LNY_2的格兰杰原因	2	3.645 74	0.074 9	拒绝原假设**
LNY_2不是LNX_3的格兰杰原因	2	2.022 29	0.194 6	接受原假设

注:“*”和“**”分别代表5%和10%的统计显著性水平。

从表4-10可以看出,在5%的显著性水平上,当滞后阶数为1时,美国对华反补贴调查是中国国内有效专利数及国内科技活动成果数量上升的原因。

表 4-10　格兰杰因果关系检验结果（2）

原假设	滞后阶数	F 统计量	P 值	结论
LNX_4 不是 LNY_2 的格兰杰原因	1	1.442 25	0.255 0	接受原假设
LNY_2 不是 LNX_4 的格兰杰原因	1	0.308 05	0.590 0	接受原假设
LNX_5 不是 LNY_2 的格兰杰原因	1	0.023 28	0.881 5	接受原假设
LNY_2 不是 LNX_5 的格兰杰原因	1	4.875 37	0.049 4	拒绝原假设*
LNX_5 不是 LNX_4 的格兰杰原因	1	0.054 75	0.819 3	接受原假设
LNX_4 不是 LNX_5 的格兰杰原因	1	0.771 86	0.398 4	接受原假设

注："*" 代表 5%的统计显著性水平。

从表 4-11 可以看出，当滞后阶数为 3 时，中国制造业增加值指数类别的工业化密集度指数与美国对华反倾销调查在统计意义上互为因果关系。当滞后阶数为 1 时，在 5%显著性水平上，中国制造业出口指数类别中的工业化出口质量指数上升是美国对华反倾销案件数量下降的原因。

表 4-11　格兰杰因果关系检验结果（3）

原假设	滞后阶数	F 统计量	P 值	结论
LNX_8 不是 LNY_1 的格兰杰原因	1	0.625 37	0.445 8	接受原假设
LNY_1 不是 LNX_8 的格兰杰原因	1	4.072 53	0.068 6***	拒绝原假设
LNX_9 不是 LNY_1 的格兰杰原因	1	8.025 04	0.016 3**	拒绝原假设
LNY_1 不是 LNX_9 的格兰杰原因	1	0.015 80	0.902 2	接受原假设
LNX_9 不是 LNY_1 的格兰杰原因	3	3.802 22	0.092 3***	拒绝原假设
LNY_1 不是 LNX_9 的格兰杰原因	3	13.066 1	0.008 4*	拒绝原假设

注："*""**"和"***"分别代表 1%、5%和 10%的统计显著性水平。

从表 4-12 可知，当滞后阶数为 4 时，分别在 10%和 5%显著性水平上，中国制造业增加值指数类别的工业化密集度指数与美国对华反补贴调查互为因果关系。

表 4-12　格兰杰因果关系检验结果（4）

原假设	滞后阶数	F 统计量	P 值	结论
LNX_9 不是 LNY_2 的格兰杰原因	3	0.848 85	0.523 8	接受原假设
LNY_2 不是 LNX_9 的格兰杰原因	3	18.675 2	0.003 8*	拒绝原假设
LNX_9 不是 LNY_2 的格兰杰原因	4	12.989 2	0.072 8***	拒绝原假设
LNY_2 不是 LNX_9 的格兰杰原因	4	64.428 9	0.015 3**	拒绝原假设

注："*""**"和"***"分别代表 1%、5%和 10%的统计显著性水平。

（五）基本结论与启示

在应对美国贸易救济调查的背景下，中国出口企业应实施市场多元化策略，提升创新产出能力，扩大境外直接投资。一方面，在"一带一路"倡议的推动下优化市场布局，开拓多元化市场，优化产能国际布局；另一方面，加强研究与开发创新，通过创新提升企业产品或服务的国际竞争力，扩大市场和出口份额，降低生产经营成本，提高生产环节效率，进一步增加企业利润。

此外，通过实证分析还可以发现，中国高新技术产品的大量出口和自主创新政策的实施，也将刺激美方企业与中国厂商的竞争，尤其是美国在启动"再工业化"战略、在美国本土发展高新技术制造业以来，不仅引发美国对华反倾销调查案件数量上升，也势必加大出口企业转型升级，强化创新驱动的压力。

综上所述，在美国对华贸易救济调查与技术性贸易措施对中国企业开拓出口市场的干扰仍比较突出，且美国越发重视本土制造和出口的背景下，中国出口企业通过制定创新战略目标，扩大创新费用支出，与客户、供应商、行业协会、竞争对手或同行业企业竭诚合作，开展产品或工艺创新活动，提高产品性能，增加产品品种；实现组织创新，提升管理效率，加快对供应商或客户的反应速度；实现营销创新，开发新客户群体，开拓新市场区域；实现出口产品类型和出口目标国多元化，既能够为应对贸易保护主义提供坚实的基础保障，又有利于分散、化解贸易摩擦所带来的风险。

三、企业创新活动对美国对华贸易救济调查案件影响的检验

（一）变量设定与数据来源

X_1和X_4：分别为实现组织创新和营销创新的国有企业数量，单位为个；数据来源于中国科技统计年鉴。

X_2和X_5：分别为实现组织创新和营销创新的集体企业数量，单位为个；数据来源于中国科技统计年鉴。

X_3和X_6：分别为实现组织创新和营销创新的私营企业数量，单位为个；数据来源于中国科技统计年鉴。

X_7、X_8和X_9：分别为开展产品或工艺创新活动的私营企业、港澳台商投资企业、外商投资企业的企业数量，单位为个；数据来源于中国科技统计年鉴。

Y_1：美国对华反倾销调查案件数量，数据来源于中国贸易救济信息网和美国国际贸易委员会官网。

Y_2：美国对华反补贴调查案件数量，数据来源于中国贸易救济信息网和美国国际贸易委员会官网。

（二）数据分析与结果

1. 描述性统计分析

如表 4-13 所示，对各变量进行描述性统计分析。通过观察最大值、最小值和标准差，可知各变量之间存在较大差异。

表 4-13　变量描述性统计

变量	均值	最大值	最小值	标准差	观测值
LNY_1	3.014 994	3.258 097	2.639 057	0.230 415	5
LNY_2	2.260 641	2.564 949	1.945 91	0.233 742	5
LNX_1	7.710 753	7.875 119	7.472 501	0.192 883	5
LNX_2	6.578 176	6.949 856	6.255 75	0.270 851	5
LNX_3	11.656 59	11.938 74	11.406 13	0.217 39	5
LNX_4	7.262 332	7.492 203	7.017 506	0.221 643	5
LNX_5	6.312 906	6.716 595	5.996 452	0.289 689	5

续表

变量	均值	最大值	最小值	标准差	观测值
LNX_6	11.624 78	11.909 47	11.386 99	0.216 205	5
LNX_7	3.299 933	3.401 197	3.218 876	0.090 329	5
LNX_8	3.727 889	3.779 634	3.650 658	0.054 319	5
LNX_9	3.741 101	3.775 057	3.706 228	0.030 447	5

2. 相关性分析

通过对全部变量进行相关性检验，各变量之间的相关系数如表 4-14 至表 4-16 所示。可以发现，研究变量之间具有一定的相关性，说明选取的衡量指标比较合适。

表 4-14　相关系数表（1）

变量	LNX_1	LNX_2	LNX_3	LNY_1
LNX_1	1.000 000			
LNX_2	0.343 513	1.000 000		
LNX_3	−0.168 232	−0.932 386	1.000 000	
LNY_1	0.139 522	−0.028 061	−0.266 158	1.000 000

表 4-15　相关系数表（2）

变量	LNX_4	LNX_5	LNX_6	LNY_1
LNX_4	1.000 000			
LNX_5	0.508 068	1.000 000		
LNX_6	−0.265 077	−0.914 755	1.000 000	
LNY_1	0.200 785	0.016 620	−0.285 283	1.000 000

表 4-16　相关系数表（3）

变量	LNY_2	LNX_7	LNX_8	LNX_9
LNY_2	1.000 000			
LNX_7	−0.163 026	1.000 000		
LNX_8	−0.041 716	0.920 417	1.000 000	
LNX_9	−0.198 804	0.980 526	0.970 335	1.000 000

3. 多元回归分析

表4-17中主要列出了三个模型的回归结果。

表 4-17　企业创新活动影响美国对华贸易救济调查

	模型 1		模型 2		模型 3
变量	LNY_1	变量	LNY_1	变量	LNY_2
LNX_1	0.829 153*	LNX_4	1.092 155*	LNX_7	13.128 82**
	（0.105 776）		（0.088 976）		（0.349 248）
LNX_2	−2.642 068**	LNX_5	−2.550 363**	LNX_8	22.718 14**
	（0.205 394）		（0.162 474）		（0.471 776）
LNX_3	−3.227 570**	LNX_6	−3.133 134**	LNX_9	−79.046 40**
	（0.243 806）		（0.194 461）		（1.675 467）
常数项	51.624 03**	常数项	47.605 59**	常数项	169.966 2**
	（3.819 946）		（2.890 574）		（3.676 207）
Prob (F−statistic)	0.094 563	Prob (F−statistic)	0.076 823	Prob (F−statistic)	0.025 547
R^2	0.994 474	R^2	0.996 355	R^2	0.999 597

注："*""**""***"分别表示系数估计值在10%、5%、1%的水平下显著，括号内为估计系数的稳健标准误。

模型1和模型2分别考察了企业组织创新活动和企业营销创新活动对美国对华贸易救济案件数量的影响。可以发现，中国国有企业开展的组织创新和营销创新活动对美国对华贸易救济案件数量增加具有正向影响，集体企业和私营企业的组织创新、营销创新活动对其具有负向影响。

模型3考察了企业开展的产品或工艺创新活动对美国对华反补贴调查案件数量的影响。可以发现，私人企业以及港、澳、台商投资企业开展的产品或工艺创新活动对美国对华反补贴调查案件数量具有正向影响，外商投资企业对其具有负向影响。

（三）启示

企业开展及实现组织创新、营销创新、产品或工艺创新活动有利于应对美国对华贸易救济调查，但是也应充分考虑不同类型企业之间的差异。集体企业、私营企业开展的组织创新和营销创新活动，推进生产运营智能化，推动产品和服务创新数字化，以及外商投资企业开展的产品或工艺创新活动，对美国对华贸易救济调查案件数量增加具有抑制作用，因此应予以支持。

第五章　WTO 争端解决机制与美国对华贸易救济调查研究

第一节　《中国加入世贸组织议定书》第 15 条与中国市场经济地位的界定

一、《中国加入世贸组织议定书》第 15 条中缔约方应履行的义务

根据《中国加入世贸组织议定书》（以下简称《议定书》）第 15 条的有关规定，进口方在反倾销调查中计算中国涉案企业的出口商品成本或者价格的时候，允许采用非市场经济的方法，即允许以国际价格或者以国际市场上的第三国作为“替代国”进行测度。在《议定书》第 15 条（d）中明确指出，“替代国”方法适用的过渡期为自中国加入世界贸易组织后 15 年，即应于过渡期到期日后予以终止。①

从条约文本和缔约方基本义务来看，《议定书》第 15（ii）体现了对“替代国”方法的使用授权。此外，从条款到期规定来看，如果到期后继续依据《议定书》第 15（a）的起首条款对“替代国”方法进行沿用，属于禁止范畴。

与此同时，中国加入世界贸易组织工作组报告还规定了适用“替代国”计算方法的明确程序。从对法律实施造成的影响看，一方面，该程序规定的国际法义务要求涉案的中国出口企业/生产企业须承担相应的举证义务，证明被诉企业已经达到“市场导向型”产业标准；另一方面，值得注意的

① 中华人民共和国商务部．中国加入世贸组织议定书（标准中文版全文）[EB/OL]．[2016-12-08]. http://gpj.mofcom.gov.cn/article/zuixindt/201612/20161202103711.shtml.

是，《议定书》第 15（a）（ii）规定，在 15 年的适用过渡期结束后，中国出口企业/生产企业的举证责任也随之终止。[①]

若回归事实和规则就可以发现，《议定书》第 15（d）强调的是具有前提条件的义务，即如果根据缔约方国内法取得市场经济地位，那么相关终止条款项下的义务都应当终止，也就是说，无论中国是否取得完全市场经济地位，或者即使中国出口企业/生产企业无法证明其具备“市场导向型”产业条件，《议定书》的各个缔约方都无权自动使用国际价格方法或“替代国”方法（见图 5-1）。

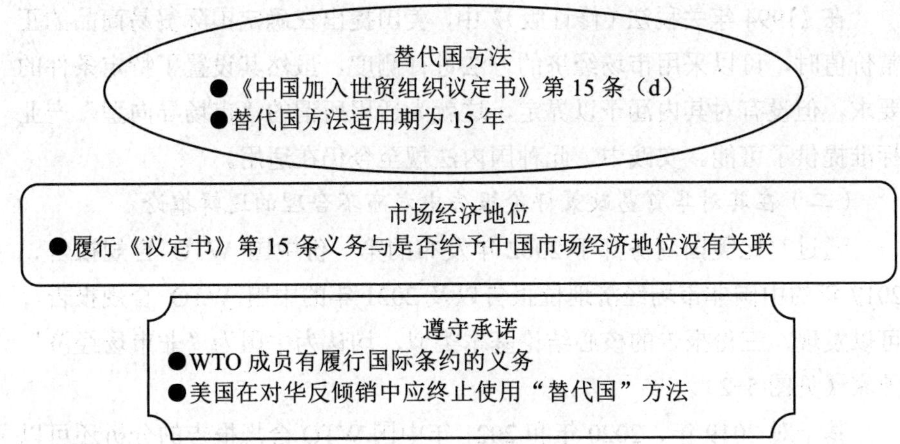

替代国方法
●《中国加入世贸组织议定书》第 15 条（d）
●替代国方法适用期为 15 年

市场经济地位
●履行《议定书》第 15 条义务与是否给予中国市场经济地位没有关联

遵守承诺
●WTO 成员有履行国际条约的义务
●美国在对华反倾销中应终止使用“替代国”方法

图 5-1　美国须遵守的条约义务

资料来源：中华人民共和国商务部.张向晨大使在中国诉欧盟反倾销“替代国”做法世贸争端案（DS516）专家组第一次听证会上的口头陈述[EB/OL]. [2017-12-11]. http://wto.mofcom.gov.cn/article/xwfb/201712/20171202685211.shtml.

二、美国违反其承诺的具体表现

（一）将其国内法作为评判中国市场经济地位的标准

美国判定中国是否具有市场经济地位的依据主要源自三部国内法，分别为《1930 年关税法》《1988 年综合贸易与竞争法》和《1994 年关税法（修

① 中华人民共和国商务部．中国加入工作组报告书[EB/OL]．[2005-04-21]．http://dcj.mofcom.gov.cn/article/zcfb/cw/.

订版）》。

美国《1930年关税法》中列举了6条标准，可作为评价贸易伙伴国经济是否属于国家控制范畴的依据。这6条标准包括商品价格及商品产量的市场化交易程度、货币是否可以自由兑换、工资谈判、政府对经济体系的管控、对外资的限制范围、其他关键因素。

从《1988年综合贸易与竞争法》的条款看，其实质仍然遵循《1930年关税法》的基本标准和评价体系，同时，在正式确认的基础上，对贸易伙伴国市场经济运行的评价指标进行了扩充。

在《1994年关税法（修订版）》中，美国提出在确定国际贸易商品的正常价值时，可以采用市场经济的方法进行测度，虽然其设置了特定条件的要求，但没有对其内涵予以界定，这就为适用所谓的"市场导向型"产业标准提供了可能。实践中，此种国内法规至今仍在适用。

（二）在其对华贸易政策评价报告中发布不合理的逻辑推论

通过对比美国商务部于2002年发布的第一份中国 WTO 合规报告、2017年的中国非市场经济地位报告以及2021年的中国 WTO 合规报告，可以发现，三份报告的核心结论基本类似，均认为中国为"非市场经济"国家（见图5-2）。

基于对2019年、2020年和2021年中国WTO合规报告的分析还可以看出，美国认为中国奉行国家主导的重商主义贸易政策，没有完全遵守世界贸易组织相关规则，也未完全履行承诺，不符合美方对于中方实施开放和市场导向型政策的关注和期待。与此同时，美方还就中方的产业政策、国有企业、补贴等关键问题予以指责，进而指出，为了应对中方"非市场经济"体制所带来的挑战，美方将继续诉诸国内贸易救济调查等手段（见图5-2）。

（三）推行不合理的美式"市场导向条件"

2020年2月，美国向世界贸易组织提交了实质上是针对中国及其他新兴经济体的《市场导向条件之于世界贸易体系的重要性》文件。[①]在文件中，

---

① WTO. Importance of Market-oriented Conditions to the World Trading System[EB/OL]. [2022-10-02]. https://docs.wto.org/dol2fe/Pages/SS/directdoc.aspx?filename=q:/WT/GC/W803R1.pdf&Open=True.

美方提出了评价国际市场参与主体是否具备所谓的“市场导向条件”的 8 项指标，[①] 并强调“市场导向条件”是建立公平的国际贸易体系背景下适用于非市场经济体制的特殊安排，为质疑中国的国有企业“竞争中立”地位提供了法律依据。[②]

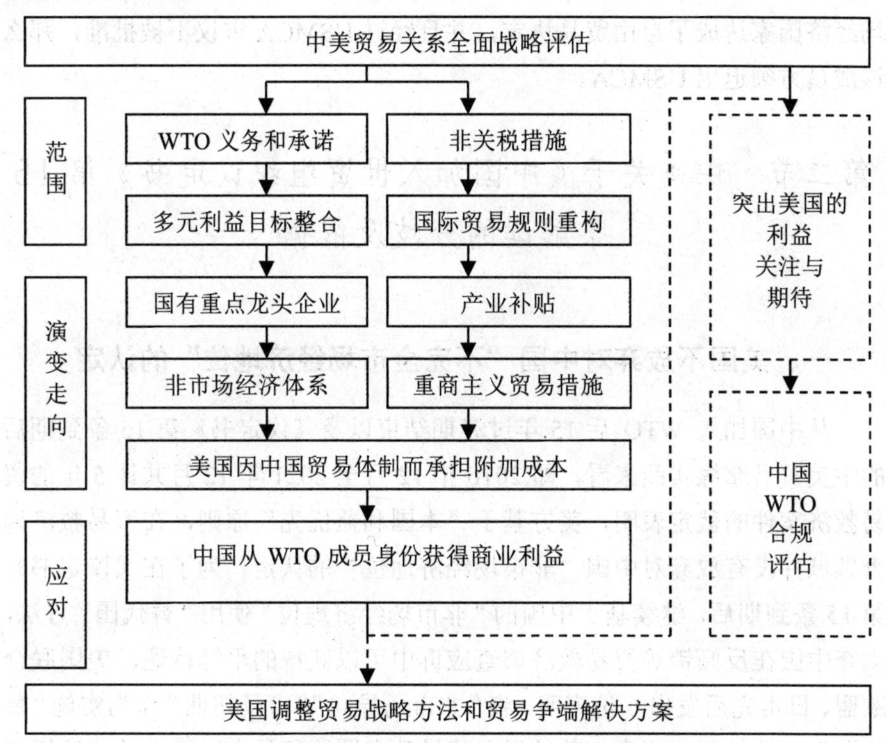

图 5-2　美国贸易战略方法调整及其不合理的逻辑推论

资料来源：United States Representative. 2021 Report to Congress on China's WTO Compliance[EB/OL]. [2022-02-26]. https://ustr.gov/sites/default/files/files/Press/Reports/2021USTR%20ReportCongressChinaWTO.pdf.

除此之外，美国还将抽象的、不合理的“市场导向条件”拓展到其他领域。2020 年 7 月，《美国-墨西哥-加拿大协定》（USMCA）生效。在协定

① 牛钰彤. WTO 改革中的“市场导向条件”探究[J]. 海关与经贸研究，2021，42（05）：84-94.

② 中国政法大学 WTO 法律研究中心. 贸易救济规则动态半月刊[EB/OL]. [2020-10-26]. http://swt.hebei.gov.cn/nx_html/sub/myjj/ztbd/2020/10/1604020658169.html.

中，美国和各个缔约方设定了具有排他性质的“毒丸”条款。[①]根据其第32.10条款，假若USMCA中的任何一个缔约方与非市场经济国家谈判，拟签署自由贸易协定（FTA），那么必须履行提前告知的义务，并且需要经过USMCA各成员方的审议批准。此外，若USMCA中的任一成员方和非市场经济国家达成了自由贸易协定，并且经过USMCA审议不被批准，那么该成员方须退出USMCA。

第二节　中美关于《中国加入世贸组织议定书》第15条解读的分歧及依据

一、美国不放弃对中国“不完全市场经济地位”的认定

从中国加入WTO后15年过渡期结束以及《议定书》第15条到期后的中美贸易摩擦实践来看，即2016年12月至2021年12月共计5年的贸易救济案件的裁定表明，美方基于“本国利益优先”原则，在贸易救济调查领域并没有放弃对中国“非市场经济地位”的认定。为了在《议定书》第15条到期后，继续基于中国的“非市场经济地位”使用“替代国”方法，剥夺中国在反倾销等贸易救济调查应诉中可以获得的平等待遇，美国联合欧盟、日本先后发出6份声明，将“非市场导向”“市场扭曲”作为实施“替代国”方法的判断因素，其结果必将导致在国际贸易中以国内法律法规应对国际贸易救济调查的不平衡状态。

美国的“替代国”方法也被称为“部分替代”或“生产要素方法”，[②]指的是在核算涉案商品的生产要素成本时，其相关财务报表涵盖的投入品、制造费用、能源、运费、销售管理等价格信息，不予直接采用，而是以某一个替代国或国内生产企业的财务信息进行替代，并结合应诉企业工艺流

---

① 白杰，苏庆义．《美墨加协定》：特征、影响及中国应对[J]．国际经济评论，2020（06）：7，123-138．

② 陈巧慧．我国企业应对反倾销能力综合评价研究：基于浙江省出口企业应对反倾销问卷调查分析[J]．国际经贸探索，2013，29（07）：49-60．

程中各个环节生产要素的单耗量，计算出正常价值，再与该企业对美国出口价格进行对比衡量，进而计算出倾销幅度。①

在美国、欧盟、日本三方声明中，“非市场导向的政策和做法”主要包括政府补贴国有企业、财政扶持产能扩张等。与此同时，三方声明还认为其会导致不公平竞争、阻碍技术创新、造成全球产能过剩、减缓国际贸易流通及破坏贸易秩序规则，因而将其认定为“市场扭曲”。②其中，“政府控制”或“拥有或行使政府权力”是“市场导向型产业”标准的关键。美国、欧盟、日本共同提出的“市场导向”规则并非实体性法规，仅仅是为了对“非市场经济地位”国家继续使用“替代国”方法而制订的特殊规则。③

美国、欧盟、日本所提出的“市场导向条件”规则没有放弃对中国“不完全市场经济地位”的认定，在实践中，“非市场经济国家”仍然被确定为实施“替代国”方法的前提条件。据此可以发现，这种“市场扭曲”“市场导向条件”规则表面上是客观的判断标准，但实际上，其根本目的是针对中国《加入世贸组织议定书》第 15 条到期后继续实施“替代国”方法。④

二、美对华反倾销调查中沿用“替代国”方法

《议定书》第 15（a）（ii）的到期并没有导致“替代国”或“国际价格”方法的终止。美国于 2017—2021 年发布的“中国非市场经济报告”显示，在贸易救济调查实践中，美方不承认中国的完全市场经济地位，对华反倾销调查一直在沿用“替代国”方法。在中国就美国继续使用“替代国”方法向 WTO 提出申诉以后，美国发布了书面评论。在书面陈述中，美国不仅就《议定书》第 15 条到期终止条款是否继续生效进行抗辩，还对“替代国”方法的 WTO 合规性予以论证，并进一步主张对中国被诉商品使用“替代国”方法不需要依据《议定书》第 15 条的规定。

---

① 严光普．美国反倾销调查问卷 D 卷填写方法解析[J]．对外经贸，2017（01）：26-33．

② 张丽英，庞冬梅．论“市场扭曲”定义市场经济地位的不合理性[J]．经贸法律评论，2020（01）：75-93．

③ 柯静．新一轮世贸组织体制市场导向之争及其前景[J]．国际关系研究，2020（03）：89-112，157-158．

④ 车路遥．市场经济的法律尺度：结构分析与评判[J]．法学评论，2021，39（05）：70-86．

从2022年发生的贸易救济调查案件公告来看，美国于2015年发布的贸易优惠延长法案仍然在案件中适用。根据贸易优惠延长法案的规定，美国贸易救济调查机构在计算倾销幅度时，可以使用“替代国”方法，即为了确定被调查商品的生产成本及其正常价值，若正常交易过程中的生产成本及市场合理价格不能被涉案商品的生产加工成本和原材料成本正确反映，则可以使用“国际价格”计算方法。

根据《议定书》第15（d）条“终止条款”，在该条款到期后，“替代国”方法也应随之终止。然而，美国试图基于“市场扭曲”或“市场导向条件”的理由继续沿用“替代国”计算方法。基于“市场导向条件”而永久适用“替代国”方法，将使中国涉案企业长期无法获得公正、平等的市场主体待遇。对此，应深入剖析该规则的WTO合规性和违规性，为争取WTO争端解决机制的支持提供充分论据，以终结歧视性“替代国”方法的永久适用。

在立法方面，美国的贸易救济法规定了“非市场经济国家”的概念、判定标准和“市场导向型产业测试”的方法，并未明确规定中国的“非市场经济地位”，也没有规定对来自中国的商品必须适用“替代国”计算方法。因此，其WTO合规性和违规性是不确定的。

此外，中国出口企业/生产企业还必须积极应对美国反倾销、反补贴措施的滥用。实际上，美国不承认中国的“完全市场经济地位”，其理由为中国政府或公共机构向企业提供生产补贴和出口补贴，美国也就此指控中国违反补贴与反补贴规则，因此对华发起反补贴调查。按照《议定书》第15（b）条款，反补贴调查的外部基准方法不需要受到15年过渡期的约束。这表明，美国对华反补贴调查中歧视性的外部基准方法，将长期阻碍中国对美出口商品。

三、中方将“完全市场经济地位”待遇与使用“替代国”方法予以区分

无论中国是否达到WTO各成员方有关市场经济地位的国内法条件，《议定书》各签署方都应履行条约义务，终止继续使用“替代国”的计算

方法。[①]

根据《议定书》第15条，将中国的“不完全市场经济地位”与WTO反倾销协定“替代国”方法相关联，是有时间限制的，过渡期结束后，缔约方须履行义务，终止使用“替代国”方法。这可以由 WTO 贸易争端案件 DS516 的相关裁定予以证实。[②]

实践中，虽然《议定书》第 15 条与“完全市场经济地位”相关，但其实际上并不是为了解决“完全市场经济地位”这一问题，而是为了解决“替代国价格比较”的问题。[③] 也就是说，“替代国”方法与“完全市场经济地位”是两个相互关联但又不是绝对挂钩的法律问题，其所形成的基本关系及其内蕴的正当性和行动化基本逻辑是其何以可能的前提和条件。将“完全市场经济地位”与使用“替代国”方法予以区分，事实上，确实存在一个基础的、相对独立的、解决美方滥用贸易救济措施问题且具有一定支撑性的行动框架。在具体实践中，该行动框架作为规范性的表现形式，仍需要 WTO 贸易救济规则运用能力的建构。[④]

第三节　非市场经济地位与反倾销“替代国”规则的适用条件

一、定义市场经济地位：比较中进行界定

WTO 建立的假设基础是市场经济。WTO 以要求缔约方开放市场为目的，其市场准入原则（Market Access）的主要内容包括分阶段实现贸易便

---

① 中华人民共和国商务部. 张向晨大使在中国诉欧盟反倾销“替代国”做法世贸争端案（DS516）专家组第一次听证会上的口头陈述[EB/OL]. [2017-12-11]. http://wto.mofcom.gov.cn/article/xwfb/201712/20171202685211.shtml.

② 钱靖怡.《中国入世议定书》第 15 条到期效力研究：以 DS516 为视角[J]. 理论观察，2019（04）：135-137.

③ 张乃根.《中国入世议定书》第 15 段的条约解释：以 DS397 和 DS516 为例[J]. 法治研究，2017（06）：136-149.

④ 葛辛祎.《中国入世议定书》第 15 条到期的效力之争及应对路径：以 WTO 争端解决机制下的条约解释为视角[J]. 中财法律评论，2019（11）：300-328.

利化和贸易自由化，倡导最终消除全部贸易壁垒。根据《1947年关税与贸易总协定》第6.1条款和《1994年关税与贸易总协定》附件I第6.1（2）补充规定条款，允许对“非市场经济体”涉案企业适用“替代国”或“类比国”方法，以确定商品的正常价值。该规则是WTO协定中唯一区分“市场经济体”和“非市场经济体”待遇的一般法律原则。此外，在实践中，《1994年关税与贸易总协定》附件I第6.1（2）补充规定条款允许WTO缔约方运用自由裁量权认定“非市场经济地位”，以及是否采取“替代国”或“类比国”等歧视性方法。①

“非市场经济地位”是WTO成员方国内法中对反倾销、反补贴调查中涉案主体的特定资格认定，强调政府对企业市场交易及价格行为的影响，既可以针对国家，也可以针对特定产业部门。根据美国《1988年综合贸易与竞争法》的定义和确立的认定标准，美国贸易救济调查机构认定商品生产和销售不以市场原则下的成本或价格为基础，并且不能反映公平价值。美国“非市场经济地位”认定的最终决定不受任何司法程序的审查，这从事实上给予了美国贸易救济调查机构无限的自由裁量权，也加剧了认定结果的不公平性。

“市场经济地位”与“市场经济待遇”是不同的法律概念。基于对《议定书》第15（a）（d）条款的解读，以及世界贸易组织于2016年公布的“中国诉欧盟对中国部分钢铁紧固件最终反倾销措施争端案执行之诉的上诉机构报告”可以发现，获得涉案商品“正常价值”确认方面的“市场经济待遇”，可在事实上确认“市场经济地位”。但是，获得“市场经济地位”并不表明必然取得“市场经济待遇”。同时，获得“市场经济待遇”的原因并非必然是国家取得“市场经济地位”。鉴于案例涉及的法律规则及取得的最有利结果，若中国涉案企业不触及国家“市场经济地位”问题，而是仅仅强调依据《议定书》第15（d）条款有权利取得“正常价值”确认领域的“市场经济待遇”，则在一定程度上更具有可操作性。

---

① 俞燕宁. 贸易救济案件中的“市场经济地位”问题：基于中美双反案和中欧紧固件案的研究[J]. 国际贸易问题，2012（05）：168-176；李思奇，姚远，屠新泉. 2016年中国获得“市场经济地位”的前景：美国因素与中国策略[J]. 国际贸易问题，2016（03）：151-160.

二、“替代国”或“国际价格”做法的法律依据

根据 WTO《反倾销协议》第 2.7 条款，WTO 一般法律原则中并没有“非市场经济国家”的定义，实践中所称的“替代国”条款指向比较明确，具有特定性，即符合“国家确定国内全部价格”“国家完全或实质上完全垄断贸易”的条件。随着与世界贸易组织规则接轨，各成员方已不存在贸易和价格的完全垄断，该“替代国”条款作为普遍适用一般规则的成立基础已经消失。[①]由此可见，所谓的“市场经济地位”，主要是在 WTO 成员方的贸易救济调查中应用，不是指成员方的经济体制，而是指被诉企业生产、加工、制造、销售等行为，其适用范围主要体现在对涉案产品实施特殊的调查方法。针对“非市场经济地位”经济体，是否应该允许其采用“替代国”或“国际价格”的做法，WTO 法律体系中仍缺少关于“市场经济”或“非市场经济”的统一定义、认定规则及标准，在这一问题上，WTO 成员方具有比较大的自由裁量权，具体标准主要体现在美国等反倾销、反补贴调查发起国的国内法规中。[②]

根据《议定书》第 15 条规定的特别方法，在一定条件下，若被诉出口企业/生产企业不能证明涉案产品的同类行业具备市场经济条件，则接受“替代国”计算正常价值、倾销幅度的方法，但期满后，拒绝使用中国市场成本和价格的法律依据即告消失。WTO 成员方应当在调查中适用 WTO 一般法律规则。

反倾销调查的关键是确定可比价格，那么，应如何定义“正常价值”？WTO《反倾销协议》《关税与贸易总协定》第 6 条及脚注、《议定书》第 15 条列举、描述的基本都是确定“正常价值”的各类计算方法，其特征主要体现在保证价格可比性上。与此同时，这些 WTO 法律规则并未表明不允许使用“替代国”或“国际价格”等计算方法，前提条件是该方法可以发现可比价格。

---

① 朱兆敏. 论世界贸易组织与中国的市场经济地位[J]. 法学，2015（09）：88-96.

② 屠新泉，苏骁. 中美关系与“中国市场经济地位”问题[J]. 美国研究，2016，30（03）：85-100.

三、如何公平合理地选择“替代国”价格

（一）确定“非市场经济国家”被诉商品“正常价值”的计算方法

按照 WTO 倾销与反倾销协定的规则及解释，以及美国的贸易救济调查规则与实践，一旦涉案企业被确定具有“非市场经济地位”，通常会适用“替代国”价格作为被诉企业国家出口商品的正常价值，以认定倾销是否存在及倾销幅度。

美国的贸易救济法规通常引入具有“市场经济地位”的第三国来确定进口自“非市场经济地位”国家的涉案产品的正常价值，这种具有“市场经济地位”的第三国被称为“替代国”。根据美国《1979 年贸易法》和《1988 年综合贸易与竞争法》的相关条款，“替代国”的选择标准为其与出口国在一些经济发展指标上具有可比性，主要包括人均国内生产总值、同类产品产业的竞争力水平。此外，还要求可比商品的“替代国”必须是国际市场上该商品的主要生产国。

从方法来看，有三种计算途径可以采用。第一种以“替代国”的同种类或类似产品的国内市场销售价格作为“替代国”价格。第二种根据“替代国”的同种类或类似产品在向第三国出口时的价格计算，使用这种方法的前提是同种类或类似产品在“替代国”的销量比较低或在无交易时采用。第三种根据“替代国”同种类或类似产品的结构价格计算，其计算方法为“替代国”生产要素的价格乘以被诉产品的生产要素投入量，再计入各项费用及合理利润等。中间品、原材料、零部件、劳动、能源、设备损耗、资本折旧等均属于生产要素。①

此外，对于没有取得市场经济地位的经济体，美国采用生产要素方法确定正常价值时，通常还会区分其是否具有市场经济因素。若生产要素具备市场经济条件，则计算被诉产品的正常价值时可以直接采用其采购价格。否则，将采用具有市场经济地位的“替代国”的生产要素价格计算生产成本。

---

① 周海娟．反倾销应诉中的成本会计核算分析[J]．中国注册会计师，2019（02）：96-99．

（二）在没有取得“市场经济地位”的条件下，涉案企业应要求调查机构保证按照公平、合理的做法选择“替代国”

在不能规避采用“替代国”方法进行“正常价值”计算时，如何保证按照公平、合理的标准选择特定国家作为“替代国”就成为决定裁决结果的关键。针对没有取得“市场经济地位”的被诉企业，贸易救济调查机构选择哪些国家作为“替代国”也会最终影响倾销和倾销幅度的协定。WTO 各成员方的法律规则都针对“替代国”的选择设置了弹性标准，各个贸易救济调查机构在实践中普遍使用自由裁量权。

在应诉抗辩过程中，涉案企业要求按照公平、合理的原则确定正常价值的“替代国”价格时，须提供公允价值作为确定计算正常价值的基础，以证明被选择的“替代国”与中国在生产和出口规模、价格与竞争机制等方面具有相似性。

无论如何，正常价值所体现的市场交易都应该是自愿交易的缔约方之间充分利用市场信息，进行债务清偿或资产交换的公允价值金额。公允价值计量客观上代表的是价格公开，以及对“正常交易过程”的限定。公允价值计量有利于涉案企业确定符合自身合法利益的“替代国”，并防止申诉方为了谋求胜诉，选择与中国行业市场经济发展水平不具有可比性的“替代国”。因此，要保证按照公平、合理的做法选择“替代国”、计量正常价值，公允价值计量是一个关键因素。公允价值计量有利于涉案企业发现合理的“替代国”，对申诉方选择的不合理“替代国”予以抗辩，从而使贸易救济调查机构做出合理裁决。①

贸易救济调查机构对应诉方所提供的公允价值计量信息进行核查是认定“替代国”是否合理的关键步骤。作为证据，信息核查通常先是从应诉企业的资产负债表、损益表上的成本、费用与利润开始的，包括总账、明细账及耗费、产出的记录。从交叉认证看，贸易救济调查机构通常都要求被核查的数据信息应在各种材料中得到体现，遵循相应的会计程序，以支持相应的法律举证和法律诉求。②

---

① 曾辉祥，刘爱东，沈红柳．内部控制对反倾销会计信息证据效力的影响研究[J]．湖南财政经济学院学报，2015，31（03）：25-33．

② 迟铮．美国对华光伏反倾销与盈余管理关系研究[J]．中国注册会计师，2018（12）：3，41-45．

在公允价值计量中，会计信息举证在性质上和载体上发生了改变，成为贸易救济调查程序中的一个特定环节，可发挥举证与抗辩的作用。由于在反倾销诉讼中，申诉企业和应诉企业的目标是对立排斥的，双方要就公允价值计量及正常价值进行比较，而应诉企业须向贸易救济调查机构申明出口价格高于正常价值及公允价值，倾销行为不存在。对任何一方而言，公允价值计量信息发挥着作为法律证据以支持各方利益诉求的作用。因此，应诉企业应以会计信息的证据性为导向，并在此基础上，对具有反馈价值和预测价值的会计信息进行筛选、分析并加以组合，体现出与贸易救济法规和应诉方立场的充分相关性，配合、支持本方的利益诉求。①

（三）增强成本会计核算的证据效用

在贸易救济调查中，被诉企业是否以低于成本价格出口商品是确定是否存在倾销行为的重点问题，这说明成本核算是涉案企业应诉的关键证据。从这一点看，会计证据内容的法理化趋势使法务会计信息明显具有诉讼举证的功能。随着贸易救济调查中法理内容证据化趋势的加强，且经实践证明，发挥会计作为诉讼工具的功能显得愈发重要。

立案后，贸易救济调查机构即开始进行调查，这时以会计证据、会计资料、会计信息为手段的抗辩、证明、陈述就成为能否胜诉的关键。事实上，企业应诉就是在贸易救济法律法规引导下进行会计数据的检验、分析、计算，从而得出鉴定结论。因此，应诉企业的会计处理方法及财务管理制度、过程、结果是否符合国际会计准则是陈述事实、表达诉求的基础。归根结底，贸易救济诉讼本质上是利益对立的主体之间对会计证据、信息进行国际比较的过程。②

通用性是符合国际惯例会计的本质特征，同时也是应诉中的一个必备要求。国际会计准则具有比较高的公开性、公平性和合理性，WTO 各成员方的贸易救济调查机构可以利用其进行裁决，各应诉企业也可以使用经过独立审计的会计报表、基础会计账簿进行抗辩、争讼。如果应诉企业采用国际会计准则，会计处理程序和方法比较恰当，法务会计诉讼支持信息可

---

① 万寿义，迟铮．企业应对反倾销会计问题研究[J]．财经问题研究，2013（11）：109-114.

② 刘爱东，杜丹丹．武钢胜诉印尼反倾销案中的会计支持及启示[J]．中南大学学报（社会科学版），2013，19（05）：1-7，13.

靠度高，那么就可以发挥会计终止调查、有效抗辩、将损失降到最低等诉讼功能，从而实现会计保护前置化，提高胜诉率。[①]

应诉企业依据会计方法制定的出口价格并不能直接被进口国贸易救济调查机构所采信，调查机构根据贸易救济法计算产品正常价值。会计价格与以贸易救济法为规则计算出来的价格既相互依存，又相互背离。成本会计核算信息以 WTO 规则为框架，反倾销应诉以法务会计诉讼支持信息为内容，反倾销申诉、应诉过程完全可以被定义为在进口国贸易救济法律框架下，对成本会计核算的诉讼证据做出否定性或肯定性裁决的过程。上述思想对于构建反倾销会计规避、会计举证、法务会计诉讼支持，增强会计应诉功能，均具有实践意义。

第四节　WTO 争端解决机制框架下中美贸易争端的诉讼策略

一、美国在 WTO 争端中的申诉和被诉案件概况

根据 WTO 统计[②]，如表 5-1 所示，自 1995 年 WTO 建立至 2021 年，在 WTO 框架下，美国发起的申诉案件最多，达到 117 起，其中主要目标是中国（22 起）、欧盟（19 起），两者合计超过 1/3。对美国发起申诉的主要 WTO 成员方分别为欧盟（33 起）、加拿大（19 起）、中国（10 起）、韩国（12 起）、墨西哥（9 起）。相比申诉案件，被发起申诉案件最多的成员方主要包括美国（136 起）、欧盟（89 起）和中国（47 起）。从争端原因看，美国所涉被诉案件类型相对集中，主要涉及反倾销调查的计算方法。

美国的单边主义贸易救济调查致使当前中美 WTO 程序利益博弈变得复杂。一方面，美国强化单边主义贸易救济调查措施，基于诉讼程序实现实体利益。另一方面，也是更为关键的是，美国是典型的 WTO 争端解决申诉率和申诉胜诉率“双高”的成员方，其也会借助 WTO 国际争端解决

---

① 杜素音．反倾销应诉的财会问题研究[J]．国际商务财会，2016（06）：13-17．

② WTO. Follw Disputes and Creat Alarts[EB/OL]. [2022-06-28]. https://www.wto.org/english/tratop_e/dispu_e/find_dispu_cases_e.htm.

机制，向 WTO 频繁地提起磋商启动诉讼程序，利用国际贸易规则及贸易救济类诉讼裁决结果实现自身的利益诉求，以维护美国高科技、高附加值产品和制造业的发展。①

参见表 5-1 和表 5-2，WTO 诉讼已成为中美以规则为基础、解决贸易纠纷的惯常做法。WTO 诉讼体制国际公法的性质决定了企业或行业协会必须委托其政府向 WTO 争端解决机制提起或应对诉讼。WTO 争端解决程序囊括了以磋商、斡旋、调解、调停为表现形式的政治方法，以及以司法判决、仲裁为表现形式的法律方法，其中专家小组和上诉机构的工作因为具有司法程序的特征而被称为“诉讼”。从申诉数量看，在中美之间 32 起 WTO 诉讼中，中国作为被告的有 22 起，重复博弈是 WTO 诉讼的特征之一。②从 WTO 诉讼程序法语境下的中美双边贸易关系来看，在目前 WTO 诉讼体制下，中美 WTO 诉讼冲突具有必然性和长期性，在 WTO 争端解决机制下提出磋商请求，启动争端解决程序，提起更多的 WTO 申诉，有利于实现贸易争端谈判利益和贸易救济目的，这在一定程度上起到提高 WTO 申诉频率的作用。

表 5-1　1995—2021 年 WTO 争端美国涉案数　　单位：件

WTO 成员方	美国申诉案件数	美国被诉案件数
中国	22	10
欧盟	19	33
加拿大	7	19
韩国	6	12
墨西哥	6	9
日本	6	8
印度	7	10
阿根廷	5	5
巴西	4	11
所有其他成员方	35	19
合计	117	136

资料来源：WTO. https://www.wto.org/english/tratop_e/dispu_e/find_dispu_cases_e.htm.

① 顾晓燕，田家林. 外贸供给侧结构性改革与知识产权贸易互动：困局及破题之策[J]. 经济问题，2018（01）：14-18.

② 郭磊. WTO“诉讼”中相符性认定的规则和原则[J]. 安阳师范学院学报，2014（06）：43-46.

表 5-2　中美诉诸 WTO 争端解决机制的典型案件

序号	案件号	申诉方	被诉方	案件名	案由
1	DS558	美国	中国	中国对美国产品加征关税案	中方平衡美钢铝 232 关税措施造成的利益损失
2	DS542	美国	中国	中国知识产权保护措施案	根据“301 条款”调查结果提起，应对中国技术转让、知识产权和创新的立法、政策和做法的措施
3	DS519	美国	中国	中国对原铝生产商提供补贴案	美国主张中国对原铝生产商提供的补贴对美国利益造成了不利影响，包括对美国利益的严重侵害，正式启动针对中国原铝产品的 WTO 争端解决程序
4	DS517	美国	中国	中国对农产品关税配额管理案	美国指控中国对小麦、大米和玉米等农产品的关税配额的管理与《中国加入工作组报告书》第 116 段的承诺不符，并违反了《1994 年关贸总协定》第 10.3 条（a）项、第 11.1 条和第 13.3 条（b）项的规定
5	DS511	美国	中国	中国对农产品生产者采取相关国内支持案	美国主张，中国对小麦、大米、玉米提供的国内支持已超过入世时承诺的“零”水平，也超过对特定产品 8.5%的微量豁免水平，中国补贴措施违反了 WTO《农业协定》及《中国加入世贸组织议定书》等文件中的相关义务和承诺
6	DS565	中国	美国	美国对来自中国产品采取关税措施案	针对美国“301 调查”向 160 亿美元中国产品的征税措施在 WTO 争端解决机制下第二次提交磋商请求
7	DS563	中国	美国	美国可再生能源案	美国对进口自中国的太阳能电池和光伏组件实施 201 保障措施
8	DS562	中国	美国	美国光伏产品保障措施案	针对美国“201 调查”，中国认为美国限制光伏产品进口的措施不符合 WTO《保障措施协议》的若干规定
9	DS544	中国	美国	美国钢铁和铝措施案	美国“232 调查”基于“国家安全”限制钢铁和铝进口的措施，中方认为其实质上属于保障措施，依据《保障措施协议》与美国进行磋商，在被拒绝的情况下采取限制美国进口的措施，同时提起诉讼

续表

序号	案件号	申诉方	被诉方	案件名	案由
10	DS543	中国	美国	美国对来自中国产品采取的关税措施案	美国基于“301 调查”向 500 亿美元中国特定产品加征 25%的关税，不仅其仅针对中国产品实施，还超过了美国在 WTO 所承诺的税率

资料来源：WTO. Follw Disputes and Creat Alarts[EB/OL]. [2022-06-28]. https://www.wto.org/english/tratop_e/dispu_e/find_dispu_cases_e.htm，中国贸易救济信息网。

二、WTO 贸易争端案件中的诉讼策略

（一）适用条约解释理论

适用相关条约解释理论，尤其是恰当适用条约解释路径与解释方法，是 WTO 成员方在国家贸易争端中诉讼策略形成及运作的重要基础。从 WTO 争端解决机制解决国际贸易争端的实践来看，在对条约解释的着力点方面，采取目的解释路径的实践比较普遍，应用相对有限的是纯粹文本解释路径。在实际应用中，有效解释方法表现为将条约序言、上下文作为指引。此外，在解决贸易诉讼的过程中，WTO 争端解决机制使用的有效解释方法还表现在大量采用国际贸易争端解决案例实践作为例证方面。①

除了对条约进行文本解释以外，强调目的解释路径的应用，促进有效解释的实践，加强对《议定书》、反倾销协议、反补贴协议等条约的解释也是必要的②。实践证明，完全依赖文本解读路径既不利于对外谈判磋商，也不利于对履行条约义务的解读和判断，还不利于国际贸易争端的解决。为此，一方面有必要探究国际贸易协定解释的理论、规则与实践，另一方面有必要解构 WTO 各成员方、WTO 争端解决机制的实践，并广泛援引有关例证。因此，使用条约、契约、逻辑等方法对条款进行解释，提高 WTO 诉

---

① 姜曦，魏晓旭．条约的不当解释：以条约解释主体为视角[J]．社会科学战线，2018（10）：263-267.

② 车丕照．条约解释的要义在于明确当事国的合意[J]．上海政法学院学报（法治论丛），2020，35（01）：21-29.

讼中的技术和策略应用水平，有利于更有效地维护国家贸易利益。①

WTO 争端解决机制第 3 条第 2 款规定，依照《维也纳条约法公约》第 31 条和第 32 条等国际公法的解释惯例来解释条约。具体而言，所涉及的解释原则、方法主要包括善意解释原则、目的及宗旨解释方法、上下文以及约文解释方法。②如果依据第 31 条解释后仍存在分歧，那么可以使用第 32 条的补充材料来解决。此外，根据 WTO 公布的裁决报告，还存在严格文本解释方法、限制性解释（不得任意减少涉案成员方权利、增加涉案成员方义务）及演化解释等。③

从演化解释体系看，采用《维也纳条约法公约》的方法进行解释，按照从条款词语向条约扩展、由字面含义延伸至目的与宗旨的逻辑结构，不仅有利于保障中国在 WTO 贸易争端解决中的各项权利，还有利于降低对方条约解释的说服力。④

表 5-3 第三方参与美国“232 调查”相关的 WTO 争端解决机制案件

序号	发起国/组织	申请加入共同申诉方
1	中国	欧盟、俄罗斯、印度、泰国
2	印度	中国、欧盟、俄罗斯、泰国、中国香港
3	欧盟	中国、俄罗斯、泰国、印度、中国香港、加拿大、土耳其、挪威、印度尼西亚、墨西哥、日本
4	加拿大	中国、欧盟、俄罗斯、泰国、挪威、墨西哥、日本、印度
5	墨西哥	中国、欧盟、俄罗斯、泰国、挪威、印度、日本、加拿大
6	挪威	中国、欧盟、俄罗斯、泰国、加拿大、墨西哥、印度
7	俄罗斯	中国、欧盟、泰国、墨西哥、加拿大、印度、挪威
8	瑞士	中国、欧盟、俄罗斯、泰国、墨西哥、加拿大
9	土耳其	巴林、巴西、加拿大、中国、哥伦比亚、埃及、欧盟、危地马拉、中国香港、冰岛、印度、印度尼西亚、日本、哈萨克斯坦、新西兰、挪威、马来西亚、墨西哥、卡塔尔、俄罗斯、沙特、新加坡、瑞士、中国台北、泰国、乌克兰、阿联酋、委内瑞拉、玻利维亚

资料来源：美国商务部网站，美国商务部工业与安全局网站，中国贸易救济信息网，WTO 网站。

① 杨国华．中国“非市场经济条款”的解释困境及其进路[J]．法治现代化研究，2020，4（04）：143-151．

② 雷宇非．条约解释背景下 WTO 上诉机构自由裁量权的困境[J]．法制与经济，2019（11）：90-91．

③ 詹扬隽．“系统整合”原则与贸易协定的系统解释：实践、话语及风险[J]．国际经济法学刊，2022（01）：51-68．

④ 刑爱芬，韩容．条约演化解释证成及其适用价值[J]．学理论，2020（01）：69-72．

（二）充分行使 WTO 规定的第三方诉讼权利

WTO 争端解决机制对第三方应享有的诉讼权利做出了明文规定。首先，国际贸易争端的当事方可以决定第三方是否可以参加争端磋商。其次，若国际贸易争端已进入 WTO 争端解决机制的专家组诉讼程序，或处于上诉程序阶段，只要重大的利益相关方向 WTO 争端解决机制发出通知，即能够成为第三方，享有相应的诉讼权利。[①]最后，根据 WTO 争端解决机制审理工作程序（WT/AB/WP13）第 1 条规定，任何成员方都可以根据 WTO 争端解决机制第 10 条第 2 款通知其对该争端具有实质利益，并成为案件的“第三方”。根据争端解决机制第 24 条规定，在提交上诉通知后的一定期限内，若提交了能够表明其意图并且符合法律条件的书面材料，则可以成为“第三当事方”，取得与当事方类似的诉讼权利。[②]

从利弊角度来看，一方面，作为第三方参加 WTO 贸易争端诉讼，有利于降低诉讼成本，因此也会在一定程度上减少申诉方主动申诉案件的数量，并对当事方自主原则造成损害；另一方面，作为第三方参加 WTO 诉讼，有利于减轻诉讼费用负担，促进司法资源节约，避免重复相同的诉讼程序，防止出现相互矛盾的裁决。同时，在司法实践中，司法机构能够不局限于当事双方的陈述，查明事实，确定和分配涉案各方的实体权利与义务。[③]

从 WTO 司法理论和实践的发展可以看出，在以规则为导向的 WTO 框架下，在 WTO 规则没有禁止也没有授予第三方特定诉讼权利的领域，专家组允许授予第三方特殊诉讼权利，或将当事方分成两类，并授予其有差别的诉讼权利，前提条件是当事方予以同意。[④]

美国“232 调查”实际上承担着双重责任：一是采取实用主义的方法来

① 许敏. WTO 争端解决程序中的第三方参与问题浅析[J]. 云南大学学报（法学版），2009，22（02）：126-130.

② 冯硕. 论第三方解决国际经贸争端的嬗变与重塑：基于贸易与投资争端解决机制的综合考察[J]. 甘肃政法大学学报，2021（01）：101-113.

③ 邵丹. WTO 争端解决中司法经济原则适用问题研究：兼论对中国参与 WTO 争端解决的启示[J]. 财贸研究，2018，29（04）：26-35，92.

④ 李舒意. 论 WTO 争端解决机制中的第三方制度[J]. 南阳师范学院学报，2017，16（08）：16-19.

保护国内产业和扩大国内产能，二是在世界贸易组织这个多边贸易体系之外，通过单边主义的贸易救济调查，巩固其霸权地位。[①]在此意义上，可以认为其更深层次的逻辑内核是在贸易自由化和经济全球化领域延伸、拓展传统国家霸权理念的各项基本价值追求，进而构成一套蕴含国际博弈、产业竞争以及社会模式等多样要素的多重价值体系。[②] 美国根据“232 调查”采取限制进口的措施，直接违背并挑战 WTO 规则，也因此遭遇了在 WTO 的争端解决诉讼。

表 5-3 数据显示，在 9 起针对美国“232 调查”的 WTO 的申诉中，中国除了根据《保障措施协议》第 12.3 条发起与美国进行 WTO 争端解决机制下的磋商以外，还作为共同申诉方参加了 7 起针对美国“232 调查”的申诉。

（三）从美国对华反倾销、反补贴调查与相关 WTO 案件平行诉讼中汲取经验

美国对华贸易救济调查属于典型的美国涉国内法与国际法事项。与之相关，适用的贸易规则主要涉及两个维度——美国国内贸易法维度涉及美国的规制，WTO 诉讼维度涉及对此类规制的国际贸易争端解决。为协调其既得或预期利益，美国的产业利益集团有动力利用 WTO 法律和美国国内法律体制，将相关预期或成果权益化。[③]

美国对华反倾销、反补贴调查和美国在 WTO 框架下对中国提出申诉存在同时发生的案件，说明 WTO 争端解决和美国贸易救济调查之间存在相同当事方就同一争议基于相同目的和相同事实同时进行诉讼的现象。因此，国际贸易中出口商/生产商的商业利益之争被转化为 WTO 规则和美国国内法层面的法律权益之争。

在实践中，WTO 成员方在确定贸易救济的管辖权时，主要依据各个成员方国内贸易救济立法实施调查，而各成员方出于对本国商业利益和本国

---

① 张丽娟，郭若楠. 国际贸易规则中的“国家安全例外”条款探析[J]. 国际论坛，2020，22（03）：66-79，157-158.

② 陈若鸿.“安全之幕”下的例外状态治理：评特朗普政府 232 措施[J]. 区域与全球发展，2019，3（05）：19-32，153.

③ 何志鹏，隽薪. WTO 与 NAFT 争端解决机制管辖权冲突研究[J]. 世贸组织动态与研究，2011，18（02）：57-64.

当事方利益的考量，在确定管辖依据、管辖原则时，均存在扩大贸易救济管辖权的倾向。这是 WTO 成员方反倾销、反补贴调查领域出现国际平行诉讼案件的重要前提。

此外，国际贸易争端申诉方基于利益最大化因素进行重复诉讼，是 WTO 成员方贸易救济调查领域平行诉讼案件产生的基本动因。再者，WTO 争端解决机制缺乏普遍的限制平行诉讼的国际规则，这也是在反倾销、反补贴调查司法实践中，出现平行诉讼的另一个重要原因。①

对美国对华反倾销、反补贴案件中贸易救济主张实体类型、模式、诉讼策略进行解读，有利于揭示贸易救济形成的原因及其影响。因此，我们应借鉴美国对华贸易救济调查案件的应诉、抗辩经验和教训，限制和降低其消极影响，有效提高中国的 WTO 诉讼案件胜诉率。

第五节　美国利用 WTO 争端解决机制促进贸易平衡的效果评价

一、引言

贝奇泰和赛特（2015）指出，WTO 争端解决机制案件的裁决不仅会促进申诉方涉案商品出口增长，对联合申诉方出口也具有推动作用。② 但乔杜因等（Chaudoin et al.，2016）却得出不同的实证结果，其发现 WTO 争端解决机制的影响有限，并不能显著促进被诉方进口。③ 李思奇、刘斌和武赟杰（2019）对 WTO 争端解决机制是否有效进行了验证，指出 WTO 争端解决机制通过司法仲裁确实能够对申诉方产生积极的出口促进效应，但

① 蒙启红．美国反垄断与相关 WTO 案件平行诉讼考查[J]．商业经济，2017（01）：186-188．

② Bechtel M M, Sattler T. What is Litigation in the World Trade Organization Worth? [J]. International Organization, 2015, 69 (02): 375–403.

③ Chaudoin S, Kucik J, Pelc K. Do WTO Disputes Actually Increase Trade? [J]. International Studies Quarterly, 2016, 60 (02): 294–306.

该种效应具有滞后性。[①]

由此引发的问题是，WTO 争端解决机制究竟对美国的贸易失衡能够产生何种影响？美国利用 WTO 争端解决机制发起申诉能否产生实际的贸易平衡效应？正是这些现实问题为 WTO 争端解决机制的效果研究赋予了实际意义。

二、美国利用 WTO 解决贸易争端与削减贸易赤字之间的协整关系检验

（一）定义各变量

Y_1：美国货物贸易赤字在国内生产总值（GDP）中的占比，根据美国经济分析局数据计算得出。

Y_2：美国对华贸易逆差在国内生产总值中的占比，根据联合国商品贸易统计数据库和美国经济分析局数据计算得出。

X_1和X_2：分别代表美国发起反倾销、反补贴调查案件数，数据来源于世界贸易组织数据库。

X_3：美国在 WTO 争端解决机制发起磋商案件数，数据来源于世界贸易组织数据库。

为消除异方差，各时间序列取自然对数，以上变量的时间范围均为 1995—2020 年。

（二）单位根检验

为了避免出现伪回归问题，对时间序列进行数据序列的平稳性检验，序列的单位根检验可以根据 ADF 检验得到。表 5-4 显示了 ADF 单位根检验的结果，所有数据均为一阶差分平稳。

---

① 李思奇，刘斌，武赟杰. WTO 争端解决机制是否真的能够促进出口：基于 WTO 争端裁决案件的实证研究[J]. 财经研究，2019（06）：115-127.

表 5-4　各变量 ADF 单位根检验结果

变量	ADF 检验值	检验形式（C，T，L）	1%临界值	5%临界值	10%临界值
LNX_1	−2.819 859	（C，T，0）	−4.374 307	−3.603 202	−3.238 054
ΔLNX_1	−8.147 390*	（C，T，0）	−4.394 309	−3.612 199	−3.243 079
LNX_2	−2.081 859	（C，0，1）	−3.737 853	−2.991 878	−2.635 542
ΔLNX_2	−8.493 555*	（C，0，0）	−3.737 853	−2.991 878	−2.635 542
LNX_3	−3.023 610	（C，T，1）	−4.394 309	−3.612 199	−3.243 079
ΔLNX_3	−8.080 289*	（C，T，0）	−4.394 309	−3.612 199	−3.243 079
LNY_1	−1.883 633	（C，T，0）	−4.374 307	−3.603 202	−3.280 540
ΔLNY_1	−4.998 835*	（C，T，0）	−4.394 309	−3.612 199	−3.243 079
LNY_2	0.021 202	（C，T，0）	−4.374 307	−3.603 202	−3.280 540
ΔLNY_2	−5.276 800*	（C，T，0）	−4.394 309	−3.612 199	−3.243 079

注：变量前加“△”表示对变量做一阶差分；（C，T，L）中的“C”表示检验时含常数项，“T”表示含趋势项（T=0 表示不含趋势项），“L”表示滞后阶数；“*”“**”“***”表示所在行变量分别在 1%、5%、10%的显著性水平上拒绝单位根假设。

（三）协整检验

由于变量均为同阶单整，在确定滞后阶数基础上可以进行 Johansen 协整检验，检验结果详见表 5-5 和表 5-6。

表 5-5　LNY_1 与 LNX_1、LNX_2、LNX_3 之间的协整检验结果

特征值	迹统计量	P 值	最大特征根值统计量	P 值	结论
0.795 595	60.690 46*	0.002 0	34.928 35*	0.004 8	存在一个协整关系
0.529 191	25.762 11	0.136 0	16.572 65	0.193 1	
0.225 438	9.189 459	0.348 2	5.620 071	0.662 3	
0.149 767	3.569 387	0.058 8	3.569 387	0.058 8	

注：“*”代表 5%的统计显著性水平。

表 5-6 LNY_2与LNX_1、LNX_2、LNX_3之间的协整检验结果

特征值	迹统计量	P值	最大特征根值统计量	P值	结论
0.714 533	65.345 78*	0.000 5	30.087 11*	0.023 3	存在两个协整关系
0.600 765	35.258 67*	0.010 6	22.036 91*	0.037 2	
0.285 464	13.221 76	0.106 9	8.066 930	0.372 0	
0.193 285	3.841 466*	0.023 2	5.154 828*	0.023 2	

注："*"代表5%的统计显著性水平。

根据表5-5显示的协整结果，美国对华反倾销、反补贴、在WTO争端解决机制框架下发起磋商与美国货物贸易赤字在GDP中的占比存在长期的稳定均衡关系。其正规化后的协整方程如下：

$$LNY_1 = 0.085\,024LNX_1 - 0.039\,779LNX_2 - 0.158\,835LNX_3 \qquad (5\text{-}1)$$

$$0.061\,93 \qquad (0.051\,64) \qquad 0.039\,12$$

式（5-1）表明，美国对华反倾销调查与美国货物贸易赤字在GDP中的占比具有正向的长期协整关系；美国在WTO框架下发起磋商、美国发起反补贴调查与美国货物贸易赤字在GDP中的占比具有负向的长期协整关系，即美国利用WTO争端解决机制化解贸易摩擦具有抑制美国货物贸易赤字在GDP中的占比上升的作用，美国发起反倾销调查会导致该占比上升。

根据表5-6显示的协整结果显示，其中存在两个协整关系，即美国对华反倾销、反补贴、在WTO争端解决机制框架下发起磋商与美国对华贸易赤字在GDP中的占比存在长期的稳定均衡关系；美国对华反补贴、美国在WTO框架下发起磋商与美国对华反倾销存在长期的稳定均衡关系。正规化后的协整方程分别如下：

$$LNY_2 = -0.448\,59LNX_2 + 0.459\,480LNX_3 \qquad (5\text{-}2)$$

$$0.130\,37 \qquad (0.139\,38)$$

$$LNX_1 = 2.701\,692LNX_2 - 0.948\,249LNX_3 \qquad (5\text{-}3)$$

$$0.437\,82 \qquad (0.468\,08)$$

式（5-2）和式（5-3）表明，美国反补贴调查、美国利用WTO争端解决机制发起磋商与美国反倾销调查分别具有正向、负向的长期协整关系，即美国对华反补贴调查增加具有刺激美国反倾销调查案件数量增加的作用，美国利用WTO争端解决机制化解贸易摩擦则会对其起到抑制作用。

（四）格兰杰因果关系检验

协整检验结果证明了变量之间存在长期稳定的均衡关系，但两者之间的均衡关系是否构成因果关系，还需进一步检验。本书利用格兰杰（Granger）因果关系检验方法对相关时间序列之间的因果关系进行了检验。

从表5-7可以看出，在1%显著性水平上，当滞后阶数为1时，美国货物贸易赤字在GDP中的占比是美国利用WTO争端解决机制发起磋商案件数增加的原因；在5%显著性水平上，当滞后阶数为4时，美国发起反倾销案件数增加是美国货物贸易赤字在GDP中的占比上升的原因。

表5-7　格兰杰因果关系检验结果

原假设	滞后阶数	F统计量	P值	结论
LNX_3不是LNY_1的格兰杰原因	1	0.508 80	0.483 2	接受原假设
LNY_1不是LNX_3的格兰杰原因	1	10.434 6	0.003 8	拒绝原假设*
LNX_1不是LNY_1的格兰杰原因	4	3.194 54	0.049 3	拒绝原假设**
LNY_1不是LNX_1的格兰杰原因	4	1.257 46	0.335 7	接受原假设
LNX_3不是LNY_2的格兰杰原因	1	4.735 95	0.040 6	拒绝原假设**
LNY_2不是LNX_3的格兰杰原因	1	9.750 08	0.005 0	拒绝原假设*
LNX_3不是LNY_2的格兰杰原因	2	4.728 91	0.021 5	拒绝原假设**
LNY_2不是LNX_3的格兰杰原因	2	2.507 20	0.108 1	接受原假设
LNX_3不是LNY_2的格兰杰原因	3	4.865 73	0.013 6	拒绝原假设**
LNY_2不是LNX_3的格兰杰原因	3	0.743 50	0.541 7	接受原假设

注："*""**"分别代表1%、5%的统计显著性水平。

在5%显著水平上，当滞后阶数为1、2和3时，美国利用WTO争端解决机制发起磋商案件数量减少是美国对华贸易赤字在GDP中的占比上升的原因；在1%显著水平上，当滞后阶数为1时，美国对华贸易赤字在GDP中的占比下降是美国利用WTO争端解决机制发起磋商案件数量增加的原因。

三、基本结论与启示

本节分析了美国利用 WTO 争端解决机制发起申诉案件对美国削减贸易赤字的影响。实证结果表明，美国利用 WTO 争端解决机制发起申诉会降低美国 GDP 中货物贸易赤字及对华贸易逆差的占比。由此可知，尽管 WTO 争端解决机制在当前遭遇困境，且 WTO 争端解决机制运行受到阻碍的现实风险正在逐步上升，但是 WTO 成员方仍应维护 WTO 争端解决机制，推动多边主义，化解国际贸易摩擦，防止各成员方利用国内法随意采取单边主义贸易救济措施。

第六章　逆全球化风险下中国应对美国贸易壁垒的策略研究与对策建议

第一节　中国出口企业面对美国贸易壁垒的应对策略

一、建立风险应对机制

出口企业在不同的发展阶段会面临不同的贸易壁垒及贸易救济调查。贸易救济调查风险防控应以风险与收益适当为基本原则，以关键领域、环节防控为主要途径，以系统化管理为主要手段，强化事前防范、事中控制、事后处理的全流程管理，逐步建立贸易救济调查的应对机制。

就国有企业而言，须关注自身面临的反倾销、反补贴调查风险，强化内部管控。从图 6-1 和图 6-2 可以发现，国有企业反倾销、反补贴存在环节多、流程长、情形复杂的特点，因此，必须强化内控管理，从制度制定、流程设计、动态监控、规则流程重塑、内部监督程序、商业模式转型、应急处置等各个环节完善管理要求，加强事前防范。①

---

① 沈伟，方荔．从“接受”到“接合”：国有企业国际规制的中国话语转变[J]．国际经济法学刊，2022（01）：34-50．

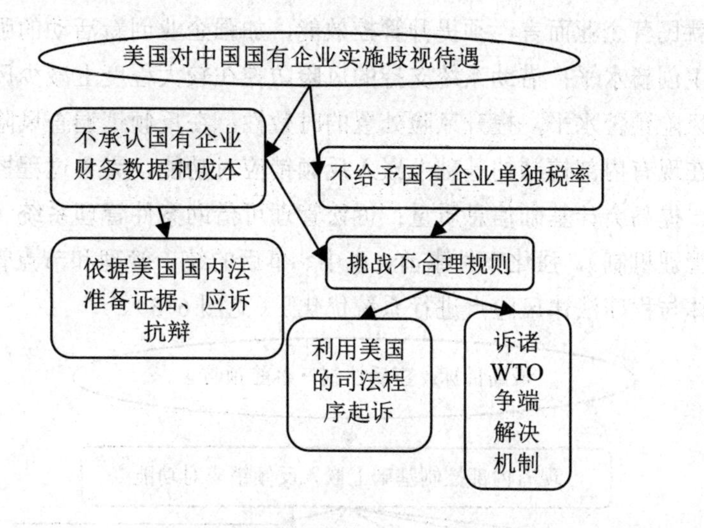

图 6-1　国有企业应对反倾销

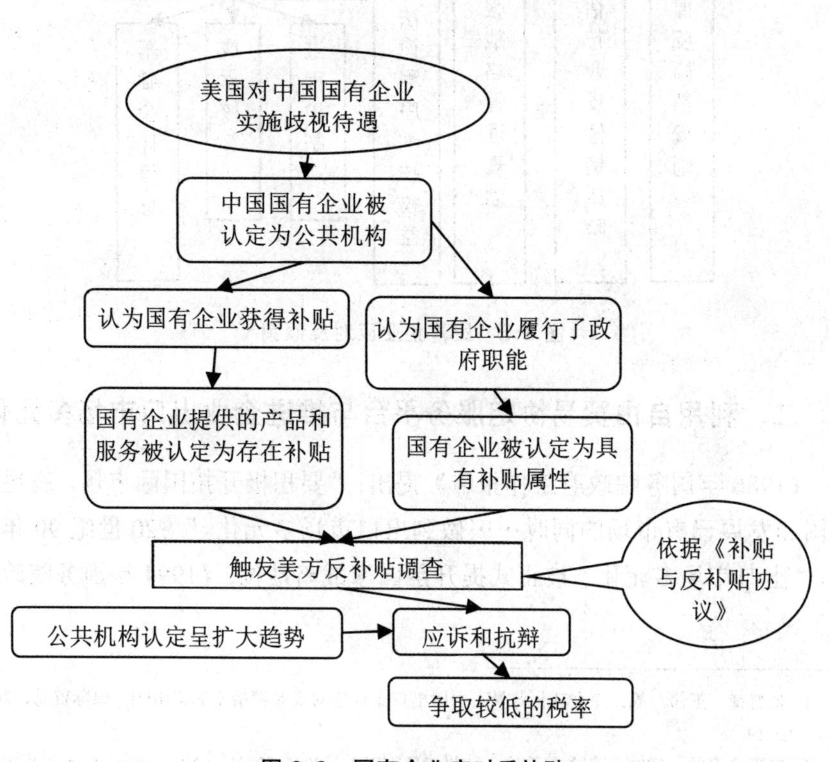

图 6-2　国有企业应对反补贴

就民营企业而言，须提升管控效能，加强企业创新活动的强度、效率和自主创新水平；借助系统支持的风险防控在较大程度上减少风险隐患，提高风险预警水平，提升风险处置的时效性；在反倾销调查风险的重点领域，在现有内部控制的基础上嵌入反倾销应对功能，完善过程控制、成本核算，提高会计基础信息质量；诉讼管理可借助案件管理系统（成熟、长效的管理机制），强化案件事前、事中、事后的统一管理和节点管控，并结合实体与程序法律风险点进行系统优化[①]（见图 6-3）。

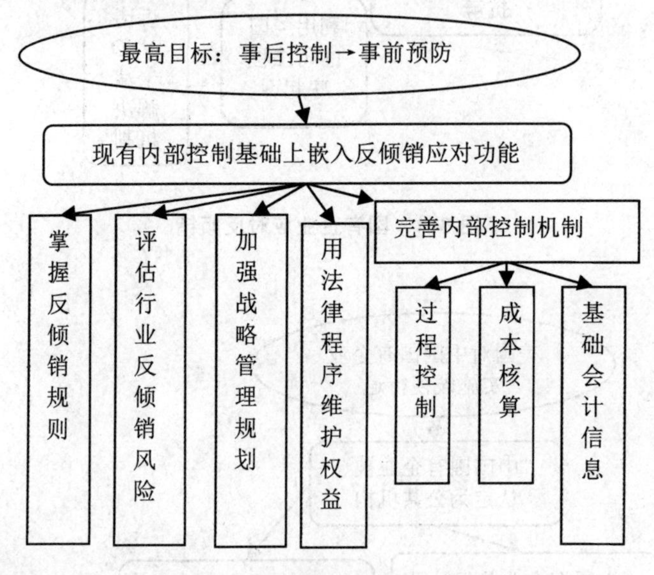

图 6-3 民营企业应对反倾销

二、利用自由贸易协定服务平台与推进企业出口市场多元化

《1986 年国务院政府工作报告》提出：“要积极开拓国际市场，在继续巩固和发展已有市场的同时……做到出口市场多元化。”[②]20 世纪 90 年代初，“出口市场多元化”被正式提升至国家战略地位。《1994 年国务院政府

① 张德锋，王伟，等．逆全球化背景下中国出口企业应对反倾销措施的策略[J]．国际贸易，2020（06）：22-29．

② 中国政府网．1986 年国务院政府工作报告[EB/OL]．[2006-02-16]．http://www.gov.cn/test/2006-02/16/content_200850.htm.

工作报告》明确提出：“要实行以质取胜和市场多元化战略。”①此后，每当出口面临外部冲击或剧烈变动时，都会强调实施市场多元化战略的重要性。

根据国家商务部公布的数据，截至 2022 年 5 月，中国已经签署协议的自由贸易区共计 21 个，正在谈判的自贸区共计 10 个。②从企业层面看，自由贸易协定的生效实施能够为推进出口市场多元化带来重大机遇。以 2022 年 1 月 1 日正式生效的《区域全面经济伙伴关系协定》（RCEP）为例，超过 90%的货物贸易最终将实现零关税，其中工业制成品占到货物贸易税目的 82%以上和贸易总额的 90%左右。充分利用 RCEP 的关税减让承诺和原产地累积规则，将有利于企业扩大电子信息、纺织、轻工、汽车及零部件、机械装备等竞争优势产品出口，开拓新的市场空间。同时，也有助于强化与 RCEP 成员方企业生产的分工合作，优化生产体系，构建相互促进、互利共赢的产业链供应链。③

与此同时，深入研究自贸协定成员方当地产业优势和国别市场机遇，充分利用政府部门提供的市场分类指导、自贸协定服务平台、国别环境政策信息，以及为企业提供的优惠关税政策、原产地证书申领、通关便利化等自贸协定相关服务一揽子解决方案，有针对性地开拓成员方市场，有利于企业适应区域市场更加开放的环境，开拓新兴市场，推动出口多元化经营目标的实现。

三、促进出口产品升级，构建自主创新引领的企业竞争战略

不断提升战略竞争力、自主创新力，推动出口产品升级，增强对市场的适应力及应对风险的能力是中国出口企业适应美国对华贸易救济调查演变趋势的内在要求，也是应对反倾销、反补贴和知识产权侵权纠纷的关键所在。面对贸易摩擦所带来的新挑战，中国出口企业在激发创新潜力，推

① 中国政府网．1994 年国务院政府工作报告[EB/OL]．[2006-02-16]．http://www.gov.cn/test/2006-02/16/content_201101.htm.

② 中华人民共和国商务部，中国自由贸易区服务网．已签署协议的自贸区[EB/OL]．[2022-06-26]．http://fta.mofcom.gov.cn/.

③ 中华人民共和国商务部．商务部等 6 部门联合印发《关于高质量实施〈区域全面经济伙伴关系协定〉（RCEP）的指导意见》[EB/OL]．[2021-01-26]．http://fta.mofcom.gov.cn/article/zhengwugk/202201/47257_1.html.

动出口商品质量、品牌、科技含量等方面不断提升的同时，进一步促进出口增长由要素驱动型向创新驱动型转变，由成本价格优势为主向供应链优势转变（见图 6-4）。

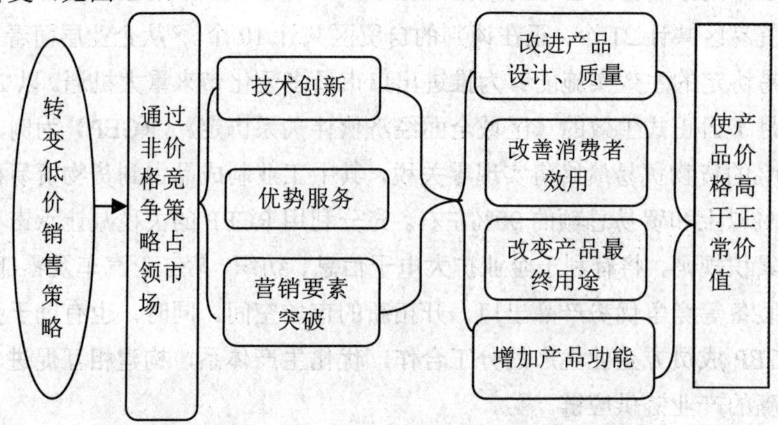

图 6-4　企业通过改变出口竞争模式应对反倾销

在此背景下，加快企业出口新旧动能有序转换，建立数字化、网络化、智能化制造驱动出口产品升级的发展模式，助推企业参与国际竞争模式从根本上发生变革，是构建出口企业综合竞争优势的必经之路。智能制造是出口商品全面转型升级的核心引擎，对生产形态、商业模式、质量效益等产生重要影响，也将直接导致出口商品成本结构发生诸多变化。

持续推动自主创新和出口产品升级是从根本上改变参与国际竞争模式，解决中国制造业核心技术匮乏、产品品质及附加值处于较低水平等问题的重要途径，也是为出口增长提供重要内生动力，为出口企业开拓长期发展空间的必经之路。[①]出口产品升级的关键在于持续推动服务创新和管理创新，提升智能制造的能力，同时建立创新驱动的商业模式。要想实现这一目标，出口企业应以加速技术创新突破及数字化转型为目标，将传统生产方法与数字技术深度融合，推动出口产品生产体系形成新型制造技术；将人工智能普遍运用于生产制造的各个环节，提高生产效率和产品质量。同时，应以智能制造为契机，带动企业的技术创新，达到让智能制造引领

① 吕越，余骁. 服务业开放、创新驱动与制造业企业的出口国内附加值[J]. 国际商务研究，2022，43（03）：1-17.

出口产品全面实现转型升级的目的。[①]

推动出口产品转型升级，是出口产品附加价值和技术水平由低到高演变的过程，是以企业自主创新能力为核心，不断地向高端市场迈进的过程。企业应以创新为基础，对现有资源进行重新整合，提高生产要素产出贡献率，实现资源的有效配置。在此过程中，在推动一系列技术实现创新的同时，也应彻底重构、整合企业的生产方式及组织结构，最终从根本上改变国际竞争模式。

四、扩大对外直接投资，实施“走出去”企业战略，规避贸易救济调查

出口企业应利用境外经贸合作园区平台优势实施“走出去”战略，扩大对外直接投资，开拓国际市场。中国企业在境外投资建设的经贸合作产业园区是转移我国低附加值产能及生产环节、开展产能国际合作、协同发展的主要平台，也是促进东道国快速工业化的产业聚集平台，更是发挥中国优势、促进中国和东道国向全球价值链高端发展的双赢平台。园区内企业之间建立上下游的供应链关系，产业协同水平高，即可形成整体的价值链体系。只有加快这些境外生产基地的建设和布点，才能催生一批价值链高端的境外企业，进而引领境外经贸合作园区的发展，带动中国相关行业出口，助推中国在全球价值链体系中的地位提升，巩固优势出口产品在国际市场的比例。因此，应对境外经贸合作园区的创新运营发展体系进行调整，提升中国企业出口增加值的比例和规模，推动境外经贸合作园区向全球价值链高端迈进。[②]

从价值链地位的视角看，制造业更接近终端消费者，尤其是制造业服务化，以及制造业向信息化、数字化和智能化转型已成为趋势，制造业，特别是先进制造业逐步摆脱简单的加工组装工序，成为凝聚尖端研发成果、先进设计理念及成熟管理经验的高端环节。根据全球价值链理论及有关文

---

① 徐美娜，铁瑛，匡增杰. 出口加工区与企业出口产品质量升级：兼论“飞地型”经济功能区转型路径[J]. 国际贸易问题，2019（02）：41-53.

② 中华人民共和国商务部. 中国对外投资合作发展报告 2020[EB/OL]. [2020-11-30]. http://images.mofcom.gov.cn/fec/202102/20210202162924888.pdf.

献显示，现代制造业企业的研究与开发、设计、售后服务等环节成为价值链附加值最高的环节，这也为企业实施“走出去”和并购策略指明了方向。

出口企业应结合剩余产能转移的需要，促进国际产能合作。中国企业针对行业的结构性发展状况、国际范围内产业梯度转移趋势及美国反倾销、反补贴和“337 调查”影响等实际情况，依据明确的企业国际竞争战略目标及中长期战略规划，以推进与 RCEP 成员方及“一带一路”沿线国家产能合作为重点，发挥东道国成本低、要素禀赋丰裕、出口美国市场贸易限制少的优势，分阶段推动金属制品、纺织服装、制鞋、有色金属冶炼和压延加工、钢铁冶炼、计算机/通信及其他电子设备制造、建筑建材、食品加工、汽车制造、专用设备制造、医药制造、非金属矿物制品、电气机械和器材制造等产能优势行业的企业在境外合作区开展境外投资布局，规避贸易壁垒。①

第二节　中国行业协会商会应对美国贸易救济调查的定位及路径

行业协会商会是调控出口商品市场价格运行、维护价格公平竞争、优化出口商品市场竞争格局的关键社会力量。在企业在行业层面争取到贸易救济调查中的市场经济导向结果问题日益突出的态势下，有必要科学对待行业协会商会的市场经济导向功能定位，构建行业协会商会竞争机制调节功能顺利实现的保障机制，从而充分发挥行业协会商会在市场供求调节机制方面的作用，规范出口企业/生产企业的价格行为，最终提高出口企业在贸易救济调查中的胜诉率。

一、发挥行业协会商会的市场经济导向功能

作为产业联合体，行业协会商会承担着制定标准、服务企业等枢纽型社会组织职能，能够充分发挥市场经济导向功能，搭建合作交流平台，促

① 中华人民共和国商务部．中国对外承包工程国别（地区）市场报告 2019—2020[EB/OL]．[2020-12-01]．http://images.mofcom.gov.cn/fec/202012/20201201174252820.pdf.

进行业规范运作，对于维护出口商品市场价格秩序、强化行业基础服务技能、保障出口企业的合法权益、倒逼出口企业创新具有正向影响[①]（见图6-5）。

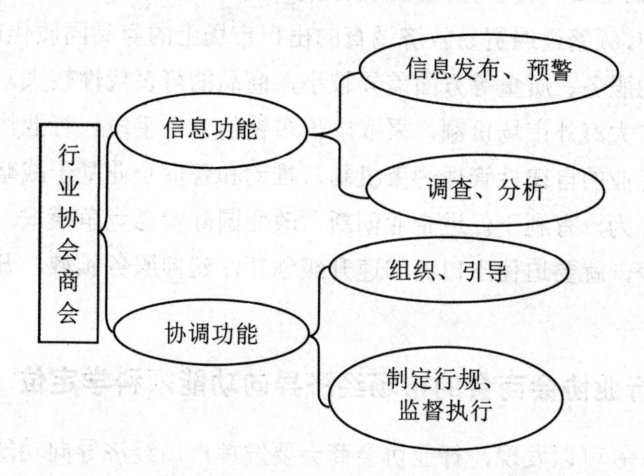

图 6-5　行业协会商会在应对贸易救济调查中的主要功能

（一）维护市场价格秩序

行业协会商会是由出口商品经营者自愿参加的行业组织。推动行业协会商会更加高效、规范和科学地运作，实施贸易救济调查应对活动，自觉地为出口行业的价格自律承担起更多的职责与工作，整合各种创新资源，有利于以标准助推行业创新发展、助推企业“走出去”，开展公平竞争，从行业内部规范企业的价格行为，为维护出口商品市场价格秩序和经营秩序提供基本遵循和重要保障，提高出口商品行业美誉度。[②]

（二）保障出口企业的合法权益

行业协会商会作为中介性的民间社会组织，代表本行业企业的利益，担负着实施行业自律的重要职责，可发挥规范出口商品市场秩序的监督作用。行业协会商会通过主动参与协调贸易纠纷和争议，加强行业自律，推动出口企业/生产企业的商品价格水平趋于均衡合理，积极组织会员企业完

---

① 童锋，赵永亮，刘鹏．行业协会治理模式与反倾销应诉服务：广东浙江的经验研究[J]．南方经济，2014（02）：57-73．

② 左伟，黄成华．行业协会的功能定位及发展导向[J]．辽宁行政学院学报，2010（07）：15-21．

成贸易救济调查的应诉、申诉等，维护广大出口商的合法权益，增强出口企业的核心竞争力，实现出口企业战略性发展。

（三）倒逼出口商品升级及调整竞争模式

实践中，频繁遭遇贸易救济调查的出口市场上的商品同质化现象突出，出口商品的服务、质量等方面差异较小，商品的可替代性较大。一些出口企业为了扩大海外市场份额，采取廉价多销的竞争手段。行业协会商会推动建立全行业的自律性管理约束机制，推动和督促企业基于战略成本会计规范价格行为，有利于促进企业创新，改变国际贸易竞争模式。要想展开非价格竞争，就要迫使出口商加速升级创新，延伸服务领域，开拓多样化盈利渠道。

二、行业协会商会的市场经济导向功能须科学定位

从图 6-6 可以发现，行业协会商会要发挥市场经济导向功能，实现其治理作用，必须遵守行业法律法规和有关政策，以营造公平规范的市场环境和维护企业合法权益为目标，针对企业的贸易救济调查应诉涉及的责任成本核算、价格行为，做好协调、沟通、服务和督查工作，降低要素市场和产品市场的扭曲程度，杜绝对中国企业歧视性贸易救济调查的源头。①

（一）价格信息收集和战略成本会计的咨询服务功能

行业协会商会更加了解国内外行业发展动态，因此可根据授权进行行业统计，收集、发布行业价格信息，提供咨询服务。行业协会商会可通过收集国内外行业发展相关的信息，从总体上掌握关联企业的生产经营状况，在成员企业反倾销、反补贴的调查、规避、举证和判定过程中发挥作用，为其提供服务。②根据需要，在存在市场信息不对称、交易中有关各方地位不对等、不充分市场竞争等问题的领域，行业协会商会应结合行业利润的基本现状和阶段性发展特点，进行价格行为规范，合理引导出口企业的价格行为，帮助会员企业制定科学合理的价格方案，引导出口企业开展公平

---

① 张珺，胡婷．行业协会反倾销功能的影响因素研究：基于行业协会治理的视角[J]．改革与战略，2016（09）：34-39．

② 国家发展改革委价监局有关负责人就《行业协会价格行为指南》答记者问[J]．中国价格监管与反垄断，2017（08）：7-8．

价格竞争，有效预防各类价格违法行为，提高服务质量。

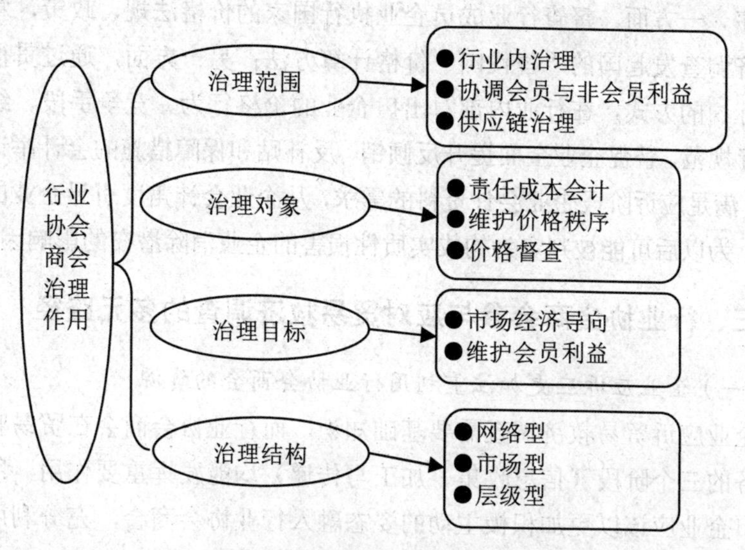

图 6-6　行业协会商会的治理作用

（二）责任成本会计问题协调功能

价格机制是市场导向机制的核心，行业协会商会作为社会中介组织，承担着竞争性商品价格问题的协调功能。行业协会商会既要协助政府加强市场价格监管，广泛收集出口企业和生产企业对企业自主定价的意见，促进出口商品市场主体形成多元化竞争，使出口价格更好地反映成本和外需变化，保护会员企业的共同利益，又要完善价格动态调整机制，进一步完善出口价格形成机制，发挥出口市场价格调节供求关系的杠杆作用，健全行业出口价格与生产成本联动机制，实施公平竞争审查机制，确立市场竞争规则的基础地位。①

（三）产品定价和调价机制的督查功能

行业协会商会应以社会组织的身份，有目的地收集和监测国内外同类商品的价格动态、市场占有率等情况。对协会商会内企业的价格行为进行监督检查，不仅要关注传统外贸企业，还要关注新业态的跨境电商企业的

① 潘煜双．反倾销应诉的关键：解读市场经济地位的会计标准[J]．国际贸易问题，2004（10）：70-74.

市场经营活动，严格规范企业责任成本核算的动态管理行为，着力整顿市场秩序。一方面，督查行业成员企业执行国家的价格法规、政策，掌握贸易救济调查发起国的“替代国”价格计算方法；另一方面，通过贯彻实施行规行约的方式，在行业内部对出口企业的价格行为、竞争手段、经营手段进行规范，督促企业全面提升反倾销、反补贴和保障措施的会计举证技术水平，满足应诉阶段企业会计资料的需求，从企业会计角度引导企业的出口策略，为以后可能被判定为构成实质性损害的企业消除潜在的影响因素。[①]

三、行业协会商会参与应对贸易救济调查的多元路径

（一）企业应诉应更加注重利用行业协会商会的资源

企业应诉贸易救济调查需要基础知识，而行业协会商会在贸易救济调查服务的三个阶段（信息收集、加工与传递）均能发挥重要作用，所以涉案出口企业应该以更加积极主动的姿态融入行业协会商会，充分利用行业协会商会的功能优势，更好地应对贸易摩擦。

（二）行业协会商会应充分发挥组织和协调职能

从图 6-7 可知，行业协会商会在会员企业应对贸易救济调查中，充当着“辅助维权”“行业治理”与“对外联络与合作”的角色。三种角色相互关联，又各有侧重。“辅助维权”是指辅助涉案出口企业更好地实现应诉、抗辩，“行业治理”与“对外联络与合作”应致力于优化被诉出口企业的抗辩制度环境。三种角色通过发挥信息职能、自律职能和外联职能得以实现。“辅助维权”角色要求行业协会商会发挥好协同职能，“行业治理”角色通过发挥行业内经营环境优化职能来实现，而“对外联络与合作”角色则通过外联职能来实现。[②]

（三）应理顺出口企业应对贸易救济调查中的“政府部门-行业组织-涉案企业”关系

出口企业拥有对生产要素进行优化配置的主导地位，具备成为应对贸

① 郑小勇，赵立龙，陈学光．制度理论视角下行业协会的功能解析与建设要求：基于利益集团理论、治理理论与合法性理论的研究[J]．重庆大学学报（社会科学版），2011，17（06）：55-64．

② 沈永东，应新安．行业协会商会参与社会治理的多元路径分析[J]．治理研究，2020（01）：16-23．

易救济调查主体的最优条件。政府部门在被诉出口企业应对贸易摩擦的过程中承担着提供公共性、基础性平台的作用。但是，企业和政府部门的“二元联动模式”在企业应诉、抗辩、维权过程中具有一定局限性，各相关方应发挥行业协会商会的组织、协调作用。行业协会商会更接近抵制国际不正当竞争的一线，能够提供更有效的维护国内产业合法权益的手段。因此，应给予行业协会商会更大的空间，更加突出行业协会商会的作用，从而使其发挥出更大的作用。①

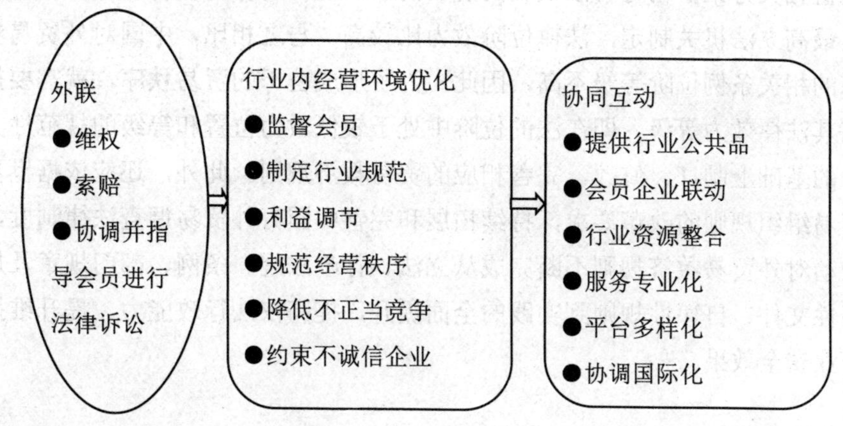

图 6-7　行业协会商会组织和协调会员企业应对贸易救济调查的多元路径

第三节　中国政府应对美国贸易救济调查的对策建议

一、完善贸易救济立法，依法开展贸易救济调查

统筹处理好对外贸易救济与维护国际贸易秩序的关系。中国政府应对我国对外贸易救济与市场经济地位及替代国方法的使用谈判、公平贸易、贸易便利等进行统筹处理。中国出口企业在境外面临不合理的贸易限制措施时，政府应依据法律、法规、部门规章等各层次的规则体系，为其提供

① 孙冰峰，余建平，程思畅．行业协会在会员企业技术创新中的作用机理[J]．集美大学学报（哲学社会科学版），2019，22（01）：61-66．

合规性保护，采取反倾销、反补贴和保障措施，开展国际知识产权侵权调查，并通过正当程序维护企业的合法权益，抵制实践中的规则滥用，消除基于国别和企业类别的歧视性调查行为，维护正常的国际贸易秩序和公平的竞争环境。

中国对外贸易救济法律法规需要随着国际贸易摩擦形势的演变而不断完善，从而发挥其抑制国外贸易保护主义措施滥用的功能，适应贸易摩擦利益相关方维护自身合法权利的现实需求。美国的贸易救济调查基本法由其最高立法机关制定，法律位阶效力比较高。与之相比，中国对外贸易救济的相关条例位阶等级不高，因此，为了形成公平的贸易秩序，就需要提高其法律效力等级，即在法的位阶中处于较低效力位置和等级的规范性文件的基础上制订、修改、完善相应的贸易救济规则。此外，还应依据世界贸易组织规则的改革要求，持续拓展和完善中国对外贸易调查法律制度，推动对外贸易救济规则不断完成从立法、行政法规、条例、部门规章及规范性文件、自律性规则到实践的全面提升，提高依法行政能力，提升维护产业安全效果。[①]

二、明确商业类国有企业经营的竞争属性，避免对中国国有企业歧视性规则的适用

对国有企业、公共机构之间进行区分、界定有其理论和现实意义（见图6-8）。第一，剥离商业类国有企业的社会责任，申明其盈利目标导向，在内涵和外延上将其与公共机构进行有效区分，有利于其在开放型市场经济体系中与各种类型所有制企业展开公平竞争，从而降低其遭遇反补贴调查的概率。[②] 第二，对于商业类及竞争充分行业的国有企业，应将其“商业”属性引入竞争中性原则，使得国有企业能更好地履行《关税与贸易总协定》第17（1）条款对国有企业“商业考虑”的义务，降低其在相应规则范畴内遭遇贸易救济调查的概率。第三，合理界定商业类国有企业的市场

① 褚霞．人民日报专题深思：推动贸易救济制度与时俱进[EB/OL]．人民日报，2015-06-17（07）．http://opinion.people.com.cn/n/2015/0617/c1003-27168923.html.

② 宁金成．国有企业区分理论与区分立法研究[J]．2015，29（01）：110-120.

主体地位，以参与竞争、增强活力为主要目标，从规则领域为其参与国际市场竞争创造公平贸易的经营环境，抵制美国等发达国家的歧视和不平等待遇，避免其将中国国有企业的商业行为推定为“公共机构”的补贴行为。①

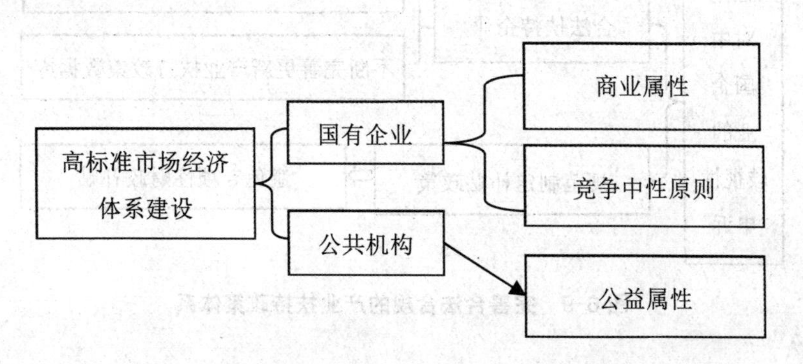

图 6-8 商业类国有企业与公共机构的属性差异

三、规范产业扶持政策，降低被申诉概率

世界贸易组织发布的《补贴与反补贴措施协议》涉及不可诉补贴、可诉补贴、禁止性补贴。不可诉补贴是 WTO 成员方政府合法合规实施产业扶持政策的有效途径。根据 WTO 规则，若授予机关将补贴的取得对象限定在特定行业或企业，那么这类补贴应属于专向性补贴范畴。同时，这些专向性补贴属于可申诉补贴，其他贸易伙伴国可以基于其产生的影响决定是否发起申诉。②为此，在制定产业扶持政策时，为防止被诉，政府需要充分研究非专项性补贴的判定标准，并进行合规性审议，从而为政策符合国际贸易规则与惯例、避免国际贸易争端提供依据（见图 6-9）。例如，当中国的某项产品遭遇外国的反倾销申诉时，涉案企业、行业协会和政府部门就可以通过各级政府产业扶持信息数据库查询所涉及的补贴措施，并且根据以往的应诉经验，分析如何避免法律上的专项性和事实上的专项性，使

① 李本，唐宇琛．国有企业的“公共机构”身份厘清及相应立法完善：以推动我国尽快加入《政府采购协定》为切入点[J]．国际贸易，2020（05）：76-82，89．

② 徐清军，高波．世贸组织改革背景下的产业政策议题研究[J]．国际商务研究，2020，41（04）：15-28．

得中国的产业扶持手段能够最大限度地避免与 WTO 补贴与反补贴协定的规则相冲突，减少甚至杜绝自由裁量权的滥用，从而提前做好应诉准备。①

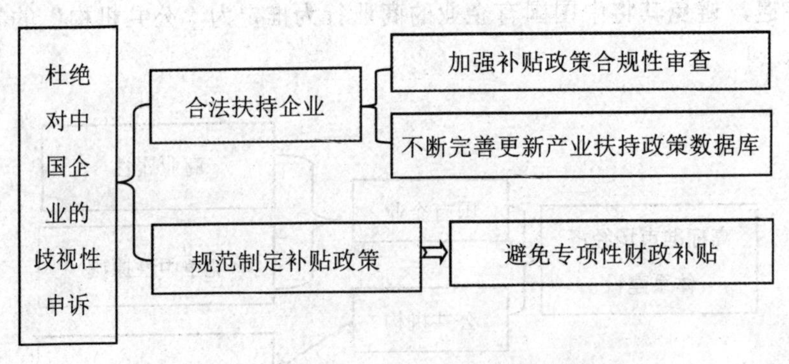

图 6-9　完善合法合规的产业扶持政策体系

四、把握全球产业链变革的机遇期，促进知识产权涉外风险防控体系建设

随着关键和新兴技术领域国际竞争日趋激烈，知识贸易和知识产权成为跨国企业及知识密集型企业开展国际贸易竞争的焦点问题。加强知识产权涉外风险防控体系建设，不仅是维护中国企业合法权益的需要，更是推进中国动态比较优势建设、有效化解国际贸易摩擦的内在要求（见图 6-10）。

为了更好地维护中国出口企业的正当权益，应加强涉外知识产权纠纷应对指导中心网络建设，健全涉外知识产权纠纷预警机制。针对涉外知识产权纠纷援助，还应健全援助信息平台。此外，还应完善中国对外贸易知识产权纠纷服务机制，加强应对指导体系建设，建立跨境协作渠道，加强国际知识产权数据交换，优化知识产权进出口方式和结构。②

① 白让让．“两轨六步法”式的产业政策：解读、疑惑与评述：与林毅夫教授商榷[J]．清华大学学报（哲学社会科学版），2022，37（03）：1-16，215.

② 龙小宁，李娜，涉外知识产权诉讼存在司法歧视吗？——基于知识产权一审案例的实证研究[J]．经济科学，2021（03）：150-160.

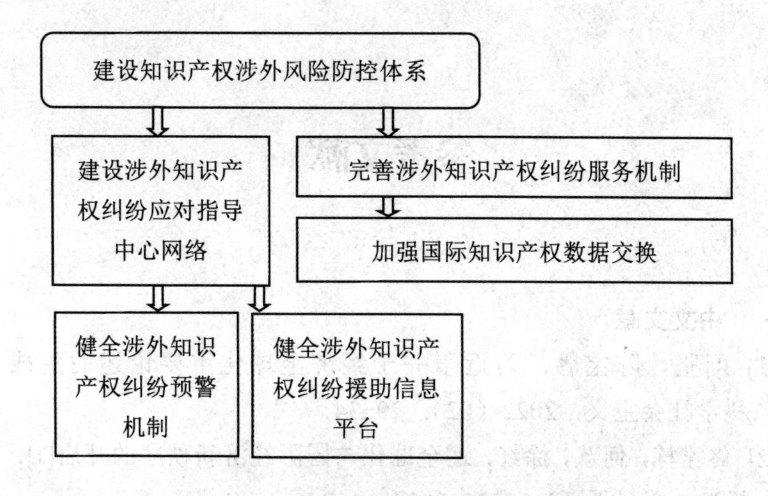

图 6-10　加强知识产权涉外风险管控

资料来源：http://www.nipso.cn/.

参考文献

一、中文文献

[1] 刘坚，陈宝胜．习近平关于经济全球化重要论述的生成与价值[J]．科学社会主义，2022（02）：29-34．

[2] 佟家栋，何欢，涂红．逆全球化与国际经济新秩序的开启[J]．南开学报（哲学社会科学版），2020（02）：1-9．

[3] 胡鞍钢，王蔚．从“逆全球化”到“新全球化”：中国角色与世界作用[J]．学术界，2017（03）：5-7，322．

[4] 匡列辉．“全球化”下“逆全球化”思潮兴起的症候及原因[J]．城市学刊，2022，43（02）：91-96．

[5] 刘阳，张萌，李体新．逆全球化压力下贸易冲击的经济压力测试：基于产业关联理论[J]．国际经贸探索，2022，38（06）：76-88．

[6] 王一栋，张庆麟．对《中国入世议定书》第 15 条的法律解读、实践分析与对策建议[J]．国际贸易，2017（04）：62-67．

[7] 丁元雷．论善意解释原则的具体适用：兼评《中国入世议定书》第 15 条[J]．法制与社会，2017（16）：84-85．

[8] 张丽英．《中国入世议定书》第 15 条到期的问题及解读[J]．中国政法大学学报，2017（01）：54-64，159-160．

[9] 王孝松，谢申祥．发展中大国间贸易摩擦的微观形成机制：以印度对华反倾销为例[J]．中国社会科学，2013（09）：86-107，206．

[10] 刘瑛．论 WTO 争端解决中中国入世法律文件的解释[J]．山西大学学报（哲学社会科学版）．2016，39（03）：110-121．

[11] 郑江．《中国入世议定书》第 15 条中反倾销特殊规则的本质探究：以“替代国”方法的适用条件为视角[J]．国际贸易，2019（08）：79-87．

[12] 胡加祥．《中国入世议定书》第 15 条之解构[J]．法学，2017（12）：

92-103.

[13] 冯军. 中国"入世"议定书第15条与"市场经济地位"问题探讨[J]. 国际商务研究，2016，37（06）：84-88，94.

[14] 屠新泉，苏骁. 中美关系与中国"市场经济地位"问题[J]. 美国研究，2016，30（03）：7，85-100.

[15] 吴波. 全球性问题、全球化与中国道路的完善[J]. 岭南学刊，2021（01）：87-93.

[16] 廖小明. 美国"逆全球化"行为的资本逻辑及其影响[J]. 当代世界，2019（06）：61-67.

[17] 张燕生，裴长洪，毕吉耀，等. 中国与世界贸易组织：回顾与展望[J]. 国际经济评论，2022（01）：4，9-30.

[18] 王孝松，常远.双边关系与贸易保护：来自中国遭遇贸易壁垒的经验证据[J]. 世界经济与政治，2022（02）：32-59，156-157.

二、英文文献

[1] Felipe Benguria, Jaerim Choi, Deborah L Swenson, et al. Anxiety or Pain? The Impact of Tariffs and Uncertainty on Chinese Firms in the Trade War[J]. Journal of International Economics, 2022-07(137), 103608.

[2] Norbert Metiu. Anticipation Effects of Protectionist U.S. Trade Policies[J]. Journal of International Economics, 2021-11(133), 103536.

[3] World Trade Organization. Report on G20 Trade Measures. World Trade Organization, 2019-11-21.

[4] Alessandro Barattieri, Matteo Cacciatore, Fabio Ghironi. Protectionism and the Business Cycle[J]. Journal of International Economics, 2021-03(129), 103417.

[5] World Bank. World Development Indicators, 2021. https://datatopics.worldbank.org/world-development-indicators.

[6] WTO. WTO Trade Topics. WTO, 2021. https://www.wto.org/english/tratop_e/adp_e/adp_e.htm.

[7] WTO. Regional Trade Agreements Database. WTO, 2022. http://rtais.wto.org/UI/charts.aspx.

[8] Yotov Y V, Piermartini R, Larch M. An Advanced Guide to Trade Policy Analysis: The Structural Gravity Model. World Trade Organization, Geneva. 2016. https://www.wto.org/english/res_e/booksp_e/advancedwtounctad 2016_e.pdf.

[9] Office of the U.S. Trade Representative (USTR). 2021 Special 301 Report, 2021-04-30. https://ustr.gov/sites/default/files/files/reports/2021/2021%20Special%20301%20Report%20(final).pdf.

[10] Monicken, Hannah. U.S. Stands Alone at WTO in Critique of Paper Dispute Ruling. Inside U.S. Trade, 2020-06-29. https://insidetrade.com/daily-news/us-stands-alone-wto-critique-paper-disputeruling.

[11] International Monetary Fund (IMF). World Economic Outlook Database. 2021. https://www.imf.org/en/Publications/WEO/weo-database/2021/April/download-entiredatabase.

[12] World Trade Organization (WTO). Chronological List of Disputes Cases. https://www.wto.org/english/tratop_e/dispu_e/dispu_status_e.htm.